吉林人民出版社

简体字本二十六史

清史稿

卷一八五——卷二〇〇

（八）

[民国] 赵尔巽等 撰

许凯等 标点

清史稿卷一八五

表第二六

部院大臣年表四下

乾隆元年丙	理藩院尚书	理藩院左侍	理藩院右侍	都察院满左	都察院汉左	都察院满左	都察院满左	都察院汉左	都察院汉左

乾隆二年丁	理藩院尚书	理藩院左侍	理藩院右侍	都察院满左	都察院汉左	都察院满左	都察院满左	都察院汉左	都察院汉左

乾隆三年戊	理藩院尚书	理藩院左侍	理藩院右侍	都察院满左	都察院汉左	都察院满左	都察院满左	都察院汉左	都察院汉左

副都御史	赵之垣	
副都御史	刘永澄	九月癸丑
副都御史	索柱	
副都御史	鄂尔赛	
都御史	杨汝谷	六月丙午
都御史	福敏迁	。正月乙
郎	班第四	月辛丑迁
郎	勒尔森	四月辛丑
	僧格四	月甲申免
午		

副都御史	陈世倌	七月癸丑
副都御史	刘永澄	
副都御史	索柱	
副都御史	鄂尔赛	
都御史	杨汝谷	
都御史	福敏	
郎	班第	
郎	顾鲁	
	僧格	
巳		

副都御史	陈世倌	
副都御史	孙国玺	十一月甲
副都御史	二格二	月乙酉迁
副都御史	鄂尔赛	
都御史	孙嘉淦	十一月甲
都御史	福敏	
郎	班第	
郎	顾鲁	
	僧格	
辰		

，刘吴龙左副都御史。

乞休。七月壬子，彭维新左都
卯，马尔泰左都御史。七月丁
。玉保理藩院右侍郎。
，理藩院左侍郎。
。纳延泰理藩院尚书。

迁。八月辛巳，赵之坦左副都

午迁。刘永澄左副都御史。
。三月甲寅，索柱左副部御史。
午迁。杨汝谷左都御史。

御史。十二月丙戌革。魏廷珍左都

卯迁。查克丹左都御史。

御史。

乾隆四年己未
纳延泰
勒尔森
王保
查克丹
魏廷珍迁。四月乙未，陈世信左都
鄂尔赛
索柱七月乙卯迁。雅尔图左副都御
刘吴龙
赵之垣三月庚午降。田懋左副都御

乾隆五年庚申
纳延泰
勒尔森
王保
查克丹革。三月己巳，杭奕禄左都
陈世信九月癸丑迁。甲午，王安国
鄂尔赛闰月甲子，二格左副都御史
希德慎二月乙未降。三月己未，德
刘吴龙十一月壬午迁。十二月辛丑
尹会一六月告养免。七月己丑，陈

乾隆六年辛酉
纳延泰
勒尔森
王保
杭奕禄
刘吴龙九月迁。丁亥，刘统勋左都御史。
二格
德尔敏
刘永澄
陈守创七月甲申乞休免。八月己亥

，仲永檀左副都御史。

御史。

守创左副都御史。
，刘永澄左副都御史。
尔敏左副都御史。
。
左都御史。己卯迁。壬午，刘昊龙左都御
御史。

史。五月辛亥迁。王安国左副都御史。十

史。丙寅迁。舒赫德左副都御史。十二月

御史。

彭树	
赵大	
德尔	
二格	
刘统	
杭奕	
旺札	
王保	
纳延	
乾隆	

彭启	
刘永	
德尔	
二格	
刘统	史。
杭奕	
王保	
勒尔	
纳延	
乾隆	

仲永	一月庚申，尹会一左副都御史。
刘永	
德尔	己卯迁。庚寅，希德慎左副都御史。
二格	
刘统	
杭奕	
王保	
勒尔	
纳延	
乾隆	

葵正月庚子迁。二月己未，励宗万左副都

鲸九月辛巳，范灿左副都御史。

敏

勛

禄

尔

泰

九年甲子

丰二月甲辰，彭树葵左副都御史。

澄二月甲辰病免。赵大鲸左副都御史。

敏

勛

禄六月迁。旺札尔理藩院右侍郎。

森六月丁卯迁。玉保理藩院左侍郎。

泰

八年癸亥

檀十二月革逮。丙午，彭启丰左副都御史

澄

敏

勛

禄

森

泰

七年壬戌

御史。十二月戊辰迁。何国宗左副都御史

。

乾隆十年乙丑

纳延泰

王保

旺札尔

杭奕禄

刘统勋

二格

德尔敏

何国宗

范灿五月己亥迁。六月丁巳，孙嘉淦左

乾隆十一年丙寅

纳延泰

王保

旺札尔

杭奕禄闰月癸丑休致。阿克敦左都御史

刘统勋

二格

德尔敏

何国宗

孙嘉淦

乾隆十二年丁卯

纳延泰

王保

旺札尔

盛安

刘统勋

二格

德尔敏三月迁。五月庚寅，德通左副都

何国宗

。孙嘉淦四月己巳乞休。梅谷成左副都御

乾隆十三	
纳延泰	
王保	
旺札尔	
盛安七月	
刘统勋	
二格四月	
德通二月	
何国宗四	
梅谷成闰	副都御史。

乾隆十四	
纳延泰	
王保	
旺札尔	
德通	。五月丙申迁。盛安左都御史。
刘统勋十	
富德	
完颜伟	
朱定元正	
陈德华	

乾隆十五	
纳延泰	
王宝	
旺札尔	
德通八月	
彭维新八	
富德四月	
积德	御史。
叶一栋八	
陈德华	史。

月辛卯革。九月甲子，胡宝琭左副都御史

乙酉革。马灵阿左副都御史。八月革。九
月辛卯革。九月庚子，梅谷成左都御史。
辛卯迁。九月辛亥，拉布敦左都御史。十

年庚午

月丁巳休。叶一栋左副都御史。

二月庚辰迁。彭维新左都御史。

年己巳

月庚申迁。陈德华左副都御史。
月乙丑迁。庚午，嵇璜左副都御史。六月
丙辰迁。三月乙未，完颜伟左副都御史。
革。六月戊寅，嵩寿左副都御史，寻迁。

戊戌迁。闰月癸丑，德通左都御史。

年戊辰

。

月甲辰，胡宝琭左副都御史，寻迁。广成

一月乙亥遇害。丙辰，木和林左都御史。

丙辰迁。庚申，朱定元左副都御史。

六月卒。闰月戊辰，积德左副都御史。

七月辛丑，富德左副都御史。

陈德华	
李世倬休致。四月，雷鋐左副	
增寿保四月卒。己亥，麒麟	
广成	左副都御史。
梅谷成九月甲戌免。十月辛	
木和林	
旺扎尔	
玉宝	
纳延泰	
乾隆十八年癸酉	

陈德华	
胡宝瑔三月戊寅迁。甲申，	
积德七月卒。增寿保左副都	
广成	
梅谷成	
木和林	
旺扎尔	
玉宝	
纳延泰	
乾隆十七年壬申	

陈德华	
胡宝瑔	
积德	
广成	
梅谷成	
木和林	
旺扎尔	
玉宝	
纳延泰	
乾隆十六年辛未	

	陈德华
都御史。	雷铉五月丁亥，宴
保左副都御史。	德尔敏
	广成
丑，杨锡绂左都御史。	何国宗六月癸丑降
	木和林
	旺札尔
	王宝革。十二月丁
	纳延泰
	乾隆二十一年丙子

	陈德华
李世倬左副都御史。	雷铉
御史。	舒明十月甲辰迁。
	广成
	杨锡绂五月辛卯迁
	木和林
	旺札尔
	王宝
	纳延泰
	乾隆二十年乙亥

	陈德华
	雷铉
	鄚麟保八月己巳，
	广成
	杨锡绂
	木和林
	旺札尔
	王宝
	纳延泰
	乾隆十九年甲戌

光鼐左副都御史。

。赵宏恩左都御史。十一月壬戌迁。何国

丑，唐喀禄理藩院左侍郎。

德尔敏左副都御史。

。何国宗左都御史。

舒明左副都御史。

	张泰开
	窦光鼐
	德尔敏
	赫庆
宗署左都御史。	归宣光正月癸卯迁。陈德
	德敏
	旺札尔
	舒明
	纳延泰
	乾隆二十四年己卯
	孙灏十二月癸丑调。张泰
	窦光鼐
	德尔敏
	广成六月免。七月，赫庆
	赵宏恩九月丙申卒。戊戌
	吴拜十月甲戌乞休。德敏
	旺札尔
	舒明
	纳延泰
	乾隆二十三年戊寅
	陈德华九月壬寅迁。孙灏
	窦光鼐
	德尔敏
	广成
	何国宗正月甲辰迁。赵宏
	木和林十一月壬子乞休。
	旺札尔
	唐喀禄降亡。十二月乙丑
	纳延泰
	乾隆二十二年丁丑

华左都御史。六月乙酉迁。丁未，刘纶左

开左副都御史。

左副都御史。

，归宣光左都御史。

左都御史。

左副都御史。

恩左都御史。

吴拜左都御史。

，舒明理藩院左侍郎。

	梁国治十二月丁未迁。张映辰左
	窦光鼐三月庚申休致。四月辛巳
	温敏
	赫庆
都御史。	金德瑛正月戊申卒。董邦达左都
	勒尔森
	旺札尔五月戊申，海明理藩院右
	舒明卒。五月，旺札尔理藩院左
	纳延泰卒。九月己丑，新柱理藩
	乾隆二十七年壬午
	张泰开十一月辛酉迁。梁国治左
	窦光鼐
	温敏九月壬寅，左副都御史。
	赫庆
	刘纶五月丁未迁。金德瑛左都御
	永贵正月癸亥差。傅森署左都御
	旺札尔
	舒明
	纳延泰
	乾隆二十六年辛巳
	张泰开
	窦光鼐
	德尔敏
	赫庆
	刘纶
	德敏十二月丙申迁。永贵左都御
	旺札尔
	舒明
	纳延泰
	乾隆二十五年庚辰

副都御史。

，蔡鸿业左副都御史。

御史。十二月丁未迁。彭启丰左都御史。

侍郎。

侍郎，寻迁。多尔济理藩院左侍郎。八月

院尚书。

副都御史。

史。

史。十一月甲寅，永贵迁。勒尔森左都御

史。

	罗源汉
	吕炽
	宝麟
	赫庆
	张泰开
	勒尔森七月戊
	海明
辛卯，富鼐理藩院左侍郎。	富鼐七月癸未
	五吉十一月甲
	乾隆三十年乙

	罗源汉
	吕炽
	宝麟
	赫庆
	张泰开
史。	勒尔森
	海明
	富鼐
	新柱十二月丙
	乾隆二十九年

	蔡鸿业正月壬
	张映辰卒。十
	温敏五月戊午
	赫庆
	彭启丰六月壬
	勒尔森
	海明
	富鼐
	新柱
	乾隆二十八年

子卒。观保左都御史。

，驻库伍勒穆集署理藩院左侍郎。九月丙

午革。新柱理藩院尚书。

酉

申迁。托恩多理藩院尚书。十一月丁卯迁

甲申

午迁。蒋檙左副都御史。十二月乙未迁。

二月辛丑，吕炽左副都御史。

，宝麟左副都御史。

寅迁。张泰开左都御史。

癸未

	傅为汸
	吕炽三月壬
	宝麟
	鄂忻迁。四
	张泰开六月
	观保十二月
	庆桂
戌差。鄂宁署理藩院左侍郎。	伍勒穆集
	色布腾巴勒
	乾隆三十三
	申甫十一月
	吕炽
	宝麟
	鄂忻
	范时绶五月
	观保
	海明免。九
	福鼐二月己
。五吉理藩院尚书。	新柱七月己
	乾隆三十二
罗源汉左副都御史。	罗源汉十月
	吕炽
	宝麟
	赫庆九月，
	张泰开正月
	观保
	海明
	福鼐
	新柱
	乾隆三十一

寅休致。四月己未，张若淮左副都御史。

月己未，景福左副都御史。

戊寅乞休。辛巳，范时绶左都御史。

庚申迁。素尔讷左都御史。

珠尔六月乙丑病免。伊勒图理藩院尚书。

年戊子

壬戌革。傅为许左副都御史。

庚午迁。张泰开左都御史。

月，庆桂理藩院右侍郎。

酉，伍勒穆集理藩院左侍郎。

丑迁。色布腾巴勒珠尔理藩院尚书。

年丁亥。

甲寅迁。癸亥，申甫左副都御史。

鄂忻左副都御史。

乙未迁。范时绶左都御史。

年丙戌

八月壬申迁。九月己丑，蒋元益左副都御

史。十月庚午迁。黄登贤左副都御史。	罗
	嵇
	吉
	景
	张
	观
	庆
	伍
	温
	乾
	傅
	嵇
	吉
	景
	范
	观
	庆
	伍
	伊
	乾
	傅
	黄
	宝
	景
	范
	素
	庆
	伍
	伊
	乾

源汉
璜十月壬辰迁。十一月戊戌，黄登贤左副
信正月戊辰，玛兴阿左副都御史。十二月
福
若淮
保
桂
勒穆集八月戊子病免。福德理藩院左侍郎
福十一月丙辰迁。丁巳，素尔讷理藩院尚
隆三十六年辛卯

为许四月甲寅休。五月庚辰，刘秉恬左副
璜
信
福
时绶闰五月甲子迁。张若淮左都御史。
保五月壬午革。癸未，永贵左都御史。八
桂
勒穆集
勒图差。七月乙巳，温福理藩院尚书。
隆三十五年庚寅

为许
登贤二月甲戌迁。三月癸巳，嵇璜左副都
麟五月乙酉迁。壬寅，吉信左副都御史。
福
时绶
尔讷十一月乙酉迁。托恩多署左都御史。
桂
勒穆集
勒图
隆三十四年己丑

都御史。

己卯迁。乙酉，伊满左副都御史。

。

书。

都御史。六月癸未迁。乙酉，范宜宾左副

月己卯迁。观保左都御史。

御史。

十一月己亥迁。观保署左都御史。

	罗源汉
	黄登贤
	巴彦学
	永德十月
	张若淮
	观保七月
	庆桂
	福德
	素尔讷
	乾隆三十

都御史。八月壬辰，罗源汉代。	罗源汉
	黄登贤
	伊满四月
	高朴正月
	张若淮
	观保
	庆桂
	鄂宝正月
	素尔讷
	乾隆三十

	罗源汉
	黄登贤
	伊满
	景福四月
	张若淮
	观保
	庆桂
	福德二月
	素尔讷
	乾隆三十

七年壬辰

庚申革。鄂宝署理藩院左侍郎。四月戊子

丁丑迁。癸巳，高朴左副都御史。

八年癸巳

迁。福德理藩院左侍郎。

癸巳迁。永德署左副都御史。

革。五月甲子，觉罗巴彦学左副都御史。

九年甲午

甲戌革。阿思哈左都御史。

壬午，阿肃左副都御史。

罗源汉
申甫
巴彦学
耀海
崔应阶
素尔讷三月辛未乞休。戊寅，迈拉逊
庆桂三月戊子迁。索琳理藩院右侍郎
博清额
奎林
乾隆四十二年丁酉

罗源汉
黄登贤六月丁未，申甫左副都御史。
巴彦学
阿肃五月迁。庚辰，耀海左副都御史
张若淮十月戊申乞休。辛亥，崔应阶
阿思哈正月己丑迁。素尔讷兼署左都
庆桂
福德五月病免。壬申，博清额理藩院
素尔讷四月甲子迁。索琳理藩院尚书
乾隆四十一年丙申

罗源汉
黄登顺
巴彦学
阿肃
张若淮
阿思哈
庆桂
福德　补。
素尔讷
乾隆四十年乙未

左都御史。

。

。

左都御史。

御史。四月甲子补。

左侍郎。

。七月壬申降。伍弥泰理藩院尚书。十月

	王昶三月迁。
	周元理四月辛
	巴彦学
	耀海三月壬辰
	崔应阶三月壬
	申保
	复兴
	保泰迁。二月
	奎林三月丙戌
	乾隆四十五年
	罗源汉十二月
	曹文植十二月
	巴彦学
	耀海
	崔应阶
	迈拉逊二月癸
	复兴
	博清额十二月
甲辰迁。奎林理藩院尚书。	奎林
	乾隆四十四年
	罗源汉
	申甫六月卒。
	巴彦学
	耀海
	崔应阶
	迈拉逊
	索琳七月丁巳
	博清额
	奎林
	乾隆四十三年

四月辛酉，孙永清左副都御史。七月癸卯
酉迁。丁卯，吴玉纶左副都御史。
休致。五月，哈福纳左副都御史。
辰乞休。癸巳，罗源汉左都御史。
辛酉，福禄理藩院左侍郎。
迁。博清额理藩院尚书。
庚子
迁。戊辰，王昶左副都御史。
戊辰迁。周元理左副都御史。
亥病免。丙子，申保左都御史。
丙辰迁。保泰理藩院左侍郎。
己亥
甲寅，曹文植左副都御史。
革。八月癸酉，复兴理藩院右侍郎。
戊戌

吴玉纶	迁。八月，汪承霈左副都御史。
梁敦书	
巴彦学	
哈福纳	
王杰五月	
复兴	
留保住	
福禄	
博清额	
乾隆四十	

吴玉纶	
王承霈二	
巴彦学	
哈福纳	
刘墉四月	
复兴	
留保住	
福禄	
博清额	
乾隆四十	

吴玉纶	
汪承霈	
巴彦学	
哈福纳	
罗源汉十	
申保十一	
复兴十一	
福禄	
博清额	
乾隆四十	

乾隆四	六年辛丑
博清额	
福禄	
留保住	月丁巳迁。留保住理藩院右侍郎。
复兴五	月丁巳卒。复兴左都御史。
朱椿卒	一月庚子迁。刘墉左都御史。
哈福纳	
巴彦学	
梁敦书	
吴玉纶	

乾隆五	七年壬寅
博清额	
福禄	
留保住	
阿扬阿	
周煌正	甲午迁。王杰左都御史。
哈福纳	
巴彦学	
梁敦书	月迁。戊辰，梁敦书左副都御史。
吴玉纶	

乾隆五	八年癸卯
留保住	
福禄	
巴忠	
阿扬阿	
纪昀	甲辰忧免。朱椿左都御史。
哈福纳	
巴彦学	
张若渟	
吴玉纶	

四月丙申迁。五月，刘权之左副都御史。

十一年丙午

六月迁。冯晋祚左副都御史，寻迁。十一

月丁巳乞休。纪昀左都御史。

六月丙戌迁。赛音伯尔格图理藩院右侍郎

六月乙酉卒。丙戌，留保住理藩院尚书。

十年乙巳

。三月丁亥，周煌左都御史。

月辛巳迁。阿扬阿左都御史。

十九年甲辰

陆	
刘	
巴	
哈	
李	
阿	
巴	
福	
留	
乾	

陆	
刘	月庚申，张若淳左副都御史。
巴	
哈	
李	
阿	
巴	。是月卒。丙午，巴忠理藩院左侍郎。
福	
留	
乾	

吴	
刘	
巴	
哈	
纪	
阿	
巴	
福	
留	
乾	

锡 熊

权 之

彦 学

福 纳

绶

扬 阿九月辛亥卒。舒常左都御史。

忠 二月迁。普福理藩院右侍郎。

禄 二月辛卯休致。巴忠理藩院左侍郎。

保 住

隆 五十四年己酉

锡 熊

权 之

彦 学

福 纳

绶

扬 阿

忠

禄

保 住

隆 五十三年戊申

玉 纶正月庚寅迁。二月庚申，陆锡熊左副

权 之

彦 学

福 纳

昀 正月丁亥迁。二月甲辰，李绶左都御史

扬 阿

忠

禄

保 住

隆 五十二年丁未

	乾隆五十五年庚戌
	留保住
	巴忠
	普福七月免。八月辛亥，佛住理
	舒常
。	李绶
	哈福纳
	巴彦学
	刘权之
都御史。	陆锡熊

	乾隆五十六年辛亥
	留保住
	巴忠八月自尽。九月乙亥，诺穆
	佛住
	舒常
	李绶正月戊戌卒。刘墉左都御史
	哈福纳
	巴彦学
	刘权之十月癸丑迁。十一月庚辰
	陆锡熊

	乾隆五十七年壬子
	留保住
	诺穆亲正月己亥迁。佛住理藩院
	佛住正月己亥迁。博兴理藩院右
	舒常
	纪昀八月癸酉迁。窦光鼐左都御
	哈福纳十一月卒。
	巴彦学
	汪承霈
	陆锡熊卒。四月辛酉，赵佑左副

都御史。

史。

侍郎。九月庚子迁。奎舒理藩院右侍郎。

左侍郎。

，汪承霈左副都御史。

。甲辰迁。纪昀左都御史。

亲理藩院左侍郎。

藩院右侍郎。

赵佑

汪承霈

成德九月迁。十月己卯，顺海左副都御史

庆善

窦光鼐四月癸巳免。朱珪左都御史。八月

舒常

奎舒

佛住九月丙寅，奎舒理藩院左侍郎。

留保住

乾隆六十年乙卯

赵佑

汪承霈

巴彦学八月卒。十月丙辰，成德左副都御

庆善二月癸亥，左副都御史。

窦光鼐

舒常

奎舒

佛住

留保住

乾隆五十九年甲寅

赵佑

汪承霈

巴彦学

世魁二月壬申，左副都御史。十二月革。

窦光鼐

舒常

奎舒

佛住

留保住

乾隆五十八年癸丑

。

丙申迁。金世松左都御史。

史。

清史稿卷一八六

表第二七

部院大臣年表五上

	吏部满尚书	吏部汉尚书	户部满尚书	户部汉尚书	礼部满尚书	礼部汉尚书	兵部满尚书	兵部汉尚书	刑部满尚书	刑部汉尚书	工部满尚书	工部汉尚书	吏部满左侍郎	吏部汉左侍郎	吏部满右侍郎	吏部汉右侍郎	户部满左侍郎	户部汉左侍郎	户部满右侍郎	户部汉右侍郎	礼部满左侍郎	礼部汉左侍郎	礼部满右侍郎	礼部汉右侍郎	兵部满左侍郎	兵部汉左侍郎	兵部满右侍郎	兵部汉右侍郎	刑部满左侍郎	刑部汉左侍郎	刑部满右侍郎	刑部汉右侍郎	工部满左侍郎	工部汉左侍郎	工部满右侍郎	工部汉右侍郎
嘉庆元年丙辰	保宁	刘墉	福长	董诰	德明	纪昀	庆桂	朱珪	苏凌	胡季	松筠	彭元	额勒	沈初	富纲	胡高	永保	蒋赐	成德	韩鑅	铁保	刘权	多永	周兴	玉保	李潢	伍弥	赵鈇	阿精	张若	僧保	谭尚	台布	吴省	阿迪	范宜

恒十月壬辰迁。赵佑工部右侍郎。
斯
钦
迁。六月己亥，成德工部左侍郎。
忠六月乙亥迁。陆有仁刑部右侍郎。
住迁。八月辛丑，英善刑部右侍郎。
淳
阿
乌逊迁。六月戊寅，特成额兵部右侍郎。
五月迁。六月戊寅，伍弥乌逊兵部左侍郎
岱
武
之

迁。六月己亥，台布户部右侍郎。十一月
槩十一月革。台布户部左侍郎。
望六月迁，谭尚忠吏部右侍郎。
迁。五月丙寅，王保吏部右侍郎。
六月乙亥迁。胡高望吏部左侍郎。
春
瑞
八月，惠龄署。
堂
阿
迁。六月乙亥，纪昀兵部尚书。十月丙戌
迁。六月乙亥，金士松礼部尚书。
迁。十月庚辰，范宜恒户部尚书。
安

十二月癸酉迁。富俊兵部右侍郎。

。十二月癸酉迁。特成额兵部左侍郎。是

迁。

迁。沈初兵部尚书。

	嘉庆二年丁巳
	保宁
	刘墉迁。三月癸亥，沈初吏部尚书
	福长安
	范宜恒八月丙辰卒。沈初户部尚书
	德明
	金士松八月丙辰调。纪昀礼部尚书
	庆桂
	沈初三月癸亥。调朱珪兵部尚书。
	苏凌阿八月迁。舒常兼署刑部尚书
	胡季堂
	松筠
	彭元瑞
	额勒春八月，玉保吏部左侍郎。
	胡高望迁。八月丙辰调。谭尚忠吏
	玉保迁。八月丙辰，成德吏部右侍
	谭尚忠迁。八月，吴省钦吏部右侍
	台布
	蒋赐棨
	台布四月迁。十月，傅森户部右侍
	韩鑅
	铁保
	刘权之
	多永武
	周兴岱迁。
月卒。	富俊正月，兵部左侍郎。
	赵鑅
	富俊迁。正月，傅森兵部右侍郎。
	李潢
	阿精阿
	张若渟
	英善
	陆有仁降。八月丙辰，熊枚刑部右
	成德八月迁。丙辰，泰宁工部左侍
	吴省钦八月迁。赵佑工部左侍郎。
	阿迪斯迁。十二月，成林工部右侍
	范建中工部右侍郎。九月迁。

郎。

侍郎。

郎。

十月迁。十二月，阿迪斯兵部右侍郎。

郎。

郎。十二月迁。赵佑代。

部左侍郎。十二月卒。吴省钦吏部左侍郎

。

八月丙辰调。金士松兵部尚书。

。

。八月丙辰调。朱珪吏部尚书。九月，沈

	范建中
	成林五月庚寅，那彦成工部右
	赵佑
	成宁
	熊枚
	英善迁。八月，特克慎刑部右
	张若渟
	阿精阿卒。八月，英善刑部左
	李潢迁。七月丁丑，韩鑅兵部
	阿迪斯革。正月乙酉，伯麟兵
	赵鍈七月卒。丁丑，李潢兵部
	惠龄
	刘权之迁。二月丙辰，戴衢亨
	多永武
	刘权之二月迁。周兴岱礼部左
	铁保迁。八月甲寅，书敬礼部
	韩鑅迁。七月己卯，戴衢亨户
	傅森
	蒋赐棨
	台布
	赵佑二月迁。刘权之吏部右侍
	成德迁。八月甲寅，铁保吏部
。	吴省钦二月迁。赵佑吏部左侍
	玉保八月卒。成德吏部左侍郎
	彭元瑞
	松筠
	胡季堂正月庚午迁。梁肯堂刑
	舒常十一月，萨凌阿兼理刑部
	金士松
	庆桂
	纪昀
	德明
	沈初
	福长安
初暂兼署。	朱珪
	保宁
	嘉庆三年戊午

侍郎。

侍郎。

侍郎。
右侍郎。
部右侍郎三月辛未迁。五月庚寅，台费荫
左侍郎。

礼部右侍郎。七月己卯迁。阮元礼部右侍

侍郎。
左侍郎。
部右侍郎。

郎。
右侍郎。
郎。
。十一月丁亥迁。

部尚书。六月甲寅迁。董诰署刑部尚书。
尚书。

	张若渟二月甲午迁。董凤三
	那彦成正月乙丑迁。盛住工
	范建中二月甲午迁。张若渟
	成宁七月辛巳，明安工部左
	熊枚正月迁。汪承霈刑部右
	特克慎署。三月己巳，禄康
	张若渟正月迁。熊枚刑部左
	英善迁。二月辛丑，瑚图礼
	韩鑅守陵。三月乙亥，曹城
兵部右侍郎。	台费荫正月乙丑迁。丰绅济
	李潢三月乙亥，初彭龄兵部
	布彦达赉正月乙丑，兵部左
郎。	阮元三月庚申迁。罗国俊礼
	多永武迁。正月己卯，恒杰
	周兴岱正月迁。三月庚申，
	书敬迁。正月，多永武礼部
	戴衢亨
	傅森迁。正月乙丑，那彦成
	蒋赐棨缘事降。二月甲午，
	台布迁。正月乙丑，傅森户
	刘权之迁。正月，周兴岱吏
	铁保正月乙丑迁。台费荫吏
	赵佑迁。十月壬寅。周兴岱
	铁保正月乙丑，吏部左侍郎
	彭元瑞
	松筠迁。正月丁卯，盛柱署
	董诰
	苏凌阿正月署。庆桂刑部尚
	金士松
	庆桂迁。正月戊辰，富锐兵
	纪昀
	德明
	沈初三月庚申卒。范建中户
	福长安署。正月戊辰，松筠
	朱珪十月壬辰迁。刘权之吏
	保宁迁。正月戊辰，书麟吏
	嘉庆四年己未

工部右侍郎。十月王寅迁。汪承霈工部右
部右侍郎。五月丁亥迁。明安工部右侍郎
工部左侍郎。
侍郎。
侍郎。十月王寅迁。祖之望刑部右侍郎。
刑部右侍郎。五月己卯迁。德英刑部右侍
侍郎。
刑部左侍郎。五月己卯调。禄康刑部左侍
兵部右侍郎。五月庚午迁。江兰兵部右侍
伦兵部右侍郎。己卯迁。书敬兵部右侍郎
左侍郎。五月庚午迁。曹城兵部左侍郎。
侍郎。己卯调。英善兵部左侍郎。二月己
部右侍郎。三月乙亥迁。钱樾礼部右侍郎
礼部右侍郎。五月王戌降。达椿礼部右侍
曹城礼部左侍郎。三月乙亥迁。罗国俊礼
左侍郎。

户部右侍郎。己卯迁。丰绅济伦户部右侍
范建中户部左侍郎。三月庚申迁。阮元户
部左侍郎。丁卯调。己卯，布彦达赉户部
部右侍郎。十月迁王寅，董凤三吏部右
部右侍郎。二月乙丑迁。英善吏部右侍郎
吏部左侍郎。
。二月癸巳降。成林吏部左侍郎。六月丙

工部尚书。己卯，那彦成工部尚书。

书。二月迁。庚申，成德刑部尚书。三月

部尚书。己卯假。庆桂兼署。五月庚辰，

部尚书。十月王辰迁。朱珪户部尚书。
户部尚书。二月己丑迁。布彦达赉户部尚
部尚书。
部尚书。三月癸亥迁。魁伦署。

侍郎。
。七月辛巳迁。西城工部右侍郎。

郎。十二月癸巳迁。琅玕刑部右侍郎。

郎。十二月癸巳迁。德英刑部左侍郎。
郎。九月戊寅迁。刘秉恬兵部右侍郎
。二月己丑迁。阿迪斯兵部右侍郎。五月
九月戊寅迁。江兰兵部左侍郎。
丑迁。书敬兵部左侍郎。
。五月丁丑迁。邹炳泰礼部右侍郎。九月
部郎。六月丙申迁。文宁礼部右侍郎。
部左侍郎。五月丁丑，钱樾礼部左侍郎。

郎。二月己丑迁。台费荫户部右侍郎。三
部左侍郎。
左侍郎。二月己丑迁。丰绅济伦户部左侍
侍郎。
。六月丙申迁。达椿吏部右侍郎。九月壬
申迁。英善吏部左侍郎。

己未迁。成德刑部尚书。
富锐病。傅森兵部尚书。

书。

庚辰迁。文宁兵部右侍郎。六月丙申迁。

戊寅迁。曹城礼部右侍郎。

月迁。五月丁亥，盛柱户部右侍郎。

郎。

戊迁。铁保吏部右侍郎。十二月壬辰迁。

	汪承霈正月辛酉
	西成
	张若渟正月辛酉
	明安
	祖之望正月辛未
	琅玕二月庚戌迁
	枚熊
	德瑛
	刘秉恬正月癸未
惠龄兵部右侍郎。	惠龄二月丁未迁
	江兰正月癸未革
	书敬二月丁未迁
	曹城正月癸亥迁
	文宁七月丁酉迁
	钱樾正月癸亥迁
	多永武迁。八月
	戴衢亨正月辛酉
	盛住闰月甲戌革
	阮元正月辛酉迁
	丰绅齐伦迁。八
	童凤三正月甲子
癸巳，禄康吏部右侍郎。	禄康二月丁未迁
	周兴岱正月甲子
	英善二月丁未革
	彭元瑞
	那彦成五月丙午
	董诰六月丁卯，
	成德
	金士松正月癸亥
	傅森
	纪昀
	德明七月丙申卒
	朱珪
	布彦达赉
	刘权之
	书麟
	嘉庆五年庚申

迁。蒋兆奎工部右侍郎。癸亥迁。莫瞻菉

迁。汪承霈工部左侍郎。二月辛卯迁。蒋

迁。莫瞻菉刑部右侍郎。六月丁卯迁。陆

。高杞刑部右侍郎。八月己卯迁。伊桑阿

迁。陈万全兵部右侍郎。六月丁卯，平恕

。缊布兵部右侍郎。闰月己未迁。范建丰

。刘秉恬兵部左侍郎。二月庚戌，冯光熊

。惠龄兵部左侍郎。闰月己未迁。缊布兵

。丙寅，蒋曰纶礼部右侍郎。正月辛未迁

。英和礼部右侍郎。八月己卯迁。扎郎阿

。曹城礼部左侍郎。

己卯，英和礼部左侍郎。

迁。张若渟户部右侍郎。迁。周兴岱正月

。额勒布户部右侍郎。

。戴衢亨户部左侍郎。

月己卯，高杞户部左侍郎。

迁。钱樾吏部右侍郎。

。书敬吏部右侍郎”七月丁酉迁。文宁吏

迁。童凤三吏部左侍郎。

。禄康吏部左侍郎。八月己卯迁。文宁吏

降。丁未，琳宁工部尚书。

仍管刑部。张若渟刑部尚书。

卒。甲子，张若渟兵部尚书。六月丁卯迁

。丁酉，达椿礼部尚书。

工部右侍郎。正月辛未迁。蒋日纶工部右

日伦工部左侍郎。

有仁刑部右侍郎。九月辛丑迁。祖之望刑
刑部右侍郎。十月戊辰迁。瑚图灵阿刑部

兵部右侍郎
兵部右侍郎。十一月己酉迁。那彦宝兵部
兵部左侍郎。六月丁卯迁。陈万全兵部左
部左侍郎。。
。刘跃礼部右侍郎。
礼部右侍郎。

甲子户部右侍郎。

部右侍郎。八月己卯迁。多永武吏部右侍

部左侍郎。

。汪承霈兵部尚书。

侍郎。二月辛卯迁。乙未，陆有仁工部右

部右侍郎。
右侍郎。

右侍郎。
侍郎。

郎。十一月己酉降。范建丰吏部右侍郎。

侍郎。六月丁卯迁。莫瞻菉工部右侍郎。

嘉庆六年辛酉
书麟四月壬戌卒。戊辰，琳宁吏部尚书。
刘权之
布彦达赉正月辛巳卒。壬午，傅森户部尚
朱珪
达椿
纪昀
傅森正月壬午迁。禄康兵部尚书。二月癸
汪承霈
成德二月癸酉迁。禄康刑部尚书。
张若渟
琳宁迁。四月戊辰，缊布工部尚书。
彭元瑞
文宁
童凤三正月乙酉病免。庚子，钱樾吏部左
范建丰
钱樾正月庚子迁。曹城吏部右侍郎。
高杞七月迁。和宁户部左侍郎。九月迁。
戴衢亨
额勒布
周兴岱
英和九月迁。扎郎阿礼部左侍郎。
曹城正月庚子迁。刘跃云礼部左侍郎。七
扎郎阿七月迁。恩普礼部右侍郎。
刘跃云正月庚子迁。潘世恩礼部右侍郎。
缊布四月戊辰迁。那彦宝兵部左侍郎。七
陈万全
那彦宝四月戊辰迁。成书兵部右侍郎。
平恕
德瑛
熊枚九月迁。祖之望刑部左侍郎。
瑚图灵阿
祖之望九月迁。初彭龄刑部右侍郎。
明安迁。正月乙巳，成书工部左侍郎。四
蒋日绘七月迁。刘跃云工部左侍郎。
西成正月壬午迁。成书工部右侍郎。乙巳
莫瞻菉七月迁。蒋日绘工部右侍郎。

迁。和宁工部右侍郎。四月戊辰迁。苏楞

月戊辰迁。和宁工部左侍郎。七月迁。那

月迁。高杞兵部左侍郎。

月迁。莫瞻菉礼部左侍郎。

英和户部左侍郎。

侍郎。

酉迁。丰绅济伦兵部尚书。

书。二月癸酉，成德户部尚书。

	蒋日纶
额工部右侍郎。	苏楞额六月乙卯迁。吉
。	刘跃云
彦宝工部左侍郎。	那彦宝六月乙卯迁。苏
	初彭龄七月癸巳迁。姜
	瑚图灵阿正月丁酉迁。
	祖之望七月癸巳迁。初
	德瑛正月丁酉迁。瑚图
	平恕正月壬午迁。李钧
	成书四月辛丑迁。长麟
	陈万全正月辛卯病免。
	高杞四月辛丑迁。成书
	潘世恩七月丁酉迁。关
	恩普
	莫瞻菉
	扎郎阿
	周兴岱正月乙卯降。王
	额勒布
	戴衢亨七月丁酉迁。平
	英和
	曹城七月丁酉迁。李钧
	范建丰
	钱樾七月丁酉迁。曹城
	文宁
	彭元瑞
	缊布
	张若渟七月丁酉卒。熊
	禄康正月丁酉免。德瑛
	汪承霈七月丁酉迁。戴
	丰绅济伦
	纪昀
	达椿六月乙卯卒。长麟
	朱珪
	成德三月壬辰卒。禄康
	刘权之
	琳宁
	嘉庆七年壬戌

纶工部右侍郎。十一月辛卯迁。明德工部

樗额工部左侍郎。

晟刑右侍郎。

赓音布刑部右侍郎。

彭龄刑部左侍郎。

灵阿刑部左侍郎。

简兵部右侍郎。辛卯迁。刘镮之兵部右侍

兵部右侍郎。六月乙卯迁。那彦宝兵部右

李钧简兵部左侍郎。七月丁酉迁。刘镮之

兵部左侍郎。

槐礼部右侍郎。

午，平恕户部右侍郎。七月丁酉迁。钱樾

恕户部左侍郎。

简吏部右侍郎。

吏部左侍郎。

枚刑部尚书。

刑部尚书。

衢亨兵部尚书。

礼部尚书。十一月庚寅，永庆礼部尚书。

户部尚书。

	蒋
右侍郎。	明
	刘
	苏
	姜
	赓
	初
郎。七月丁酉迁。潘世恩兵部右侍郎。	潘
侍郎。	那
兵部左侍郎。	刘
	成
	关
	恩
	莫
	扎
户部右侍郎。	钱
	额
	平
	英
	李
	范
	曹
	文
	彭
	缊
	熊
	德
	戴
	丰
辛卯，长龄迁。	纪
	永
	朱
	禄
	刘
	琳
	嘉

日纶闰月丁卯卒。戴均元工部右侍郎。六
德
跃云
楞额
晟六月戊子迁。戴均元刑部右侍郎。
音布
彭龄六月戊子迁。姜晟刑部左侍郎。
世恩
彦宝
蒉之
书
槐七月乙巳革。王懿礼部右侍郎。十二月
普七月乙巳迁。玉麟礼部右侍郎。
瞻蒉十二月甲子迁。王懿礼部左侍郎。
郎阿七月乙巳革。恩普礼部左侍郎。
樾十二月甲子迁。初彭龄户部右侍郎。
勒布
恕
和
钧简十二月甲子迁。钱樾吏部右侍郎。
建丰
城十二月癸亥病免。甲子，李钧简吏部左
宁
元瑞六月戊子病免。戴衢亨工部尚书。
布
枚
瑛
衢亨六月戊子迁。费淳兵部尚书。
绅济伦闰月癸酉革。长麟兵部尚书。
昀七月乙巳革留。
庆七月乙巳革。那彦成礼部尚书。
珪
康
权之
宁
庆八年癸亥

月戊子迁。莫瞻菉工部右侍郎。十二月甲

甲子迁。关槐礼部右侍郎。

侍郎。

莫瞻菉七月甲	子迁。初彭龄工部右侍郎。
明德五月戊戌	
刘跃云七月甲	
苏楞额	
戴均元正月庚	
赓音布七月癸	
姜晟九月庚戌	
赓音布七月癸	
潘世恩六月戊	
那彦宝七月庚	
刘镮之六月戊	
成书十二月戊	
关槐	
玉麟六月戊辰	
王懿修	
恩普六月戊辰	
初彭龄七月丁	
额勒布七月庚	
平恕正月庚戌	
英和	
钱樾六月戊辰	
范建丰六月戊	
李钧简	
文宁	
戴衢亨	
缊布	
熊枚九月庚戌	
德瑛六月戊辰	
费淳六月戊辰	
长麟六月戊辰	
纪昀	
那彦成六月癸	
朱珪	
禄康	
刘权之	
琳宁六月戊辰	
嘉庆九年甲子	

午迁。曹振镛工部右侍郎。

免。瑚图礼工部右侍郎。九月迁。明兴工

午降。莫瞻菉工部左侍郎。

戌迁。祖之望刑部右侍郎。九月庚戌迁。

卯迁。英善刑部右侍郎。十一月壬辰迁。

迁。祖之望刑部左侍郎。

卯迁，刑部左侍郎。

辰迁。刘凤诰兵部右侍郎。七月丁酉迁。

戌迁。贡楚克扎布兵部右侍郎。十一月王

辰迁。潘世恩兵部左侍郎。七月丁酉迁。

午降。明志兵部左侍郎。

迁。扎郎阿礼部右侍郎。寻迁。七月癸卯

迁。玉麟礼部左侍郎

酉解。戴均元户部右侍郎。

戌降。那彦宝户部右侍郎。

卒。戴均元户部左侍郎。七月丁酉迁。潘

降。刘镮之吏部右侍郎。

辰免。恩普吏部右侍郎。

迁。姜晟刑部尚书。

迁。长麟刑部尚书。

迁。刘权之兵部尚书。

迁。明亮兵部尚书。

酉迁。琳宁礼部尚书。十一月壬辰疾免。

革。德瑛吏部尚书。

部右侍郎。

刘镮刑部右侍郎。
贡楚克扎布刑部右侍郎。

陈霞蔚兵部右侍郎。十二月戊午降。戴联
辰迁。德文兵部右侍郎。十二月戊午降。
刘凤诰兵部左侍郎。十二月戊午降。王汝

、德文礼部右侍郎。十一月壬辰迁。多永

世恩户部左侍郎。

恭阿拉礼部尚书。

	曹振镛
	明兴十二月庚子解任。
	莫瞻菉
	苏楞额
	刘烒二月辛酉病免。王
	贡楚克扎布
	祖之望十月丁未乞养。
	庚音布闰月壬午迁。瑚
奎兵部右侍郎。	戴联奎二月辛酉迁。吴
广兴兵部右侍郎。	广兴
璧兵部左侍郎。	王汝璧二月辛酉迁。戴
	明志
	关槐五月己亥迁。戴联
武礼部右侍郎。	多永武闰月壬午迁。文
	王懿修五月己亥迁。关
	玉麟闰月壬午迁。多永
	戴均元正月辛亥迁。刘
	那彦宝闰月壬午迁。恩
	潘世恩
	英和闰月壬午降。那彦
	刘镮之正月辛亥迁。戴
	恩普闰月壬午迁。玉麟
	李钧简
	文宁闰月壬午迁。托津
	戴衢亨正月辛亥迁。熊
	缊布
	姜晟
	长麟
	刘权之二月辛未迁。陈
	明亮
	纪昀二月辛未卒。刘权
	恭阿拉
	朱珪正月辛亥迁。戴衢
	禄康
	费淳
	德瑛
	嘉庆十年乙丑

文宁工部右侍郎。

汝璧刑部右侍郎。十一月丙辰疾免。周廷

金光悌刑部左侍郎。
素通阿刑部左侍郎。
戥兵部右侍郎。二月辛未迁。刘跃云兵部

联奎兵部左侍郎。五月己亥迁。刘跃云兵

奎礼部右侍郎。六月丙寅迁。王绶礼部右
宁礼部右侍郎。十二月庚子迁。多庆礼部
槐礼部左侍郎。六月戊辰病解。王绶礼部
武礼部左侍郎。十二月卒。
镶之户部右侍郎。
普户部右侍郎。

宝户部左侍郎。
均元吏部右侍郎。
吏部右侍郎。

吏部左侍郎。
枚工部尚书。

大文兵部尚书。五月己亥疾休。邹炳泰兵

之礼部尚书。闰月降。王懿修礼部尚书。

享户部尚书。

栋刑部右侍郎。

右侍郎。五月己亥迁。赵秉冲兵部右侍郎

部左侍郎。六月丙寅休。戴联奎兵部左侍

侍郎。戊辰迁。万承风礼部右侍郎。

右侍郎。

左侍郎。

部尚书。

	曹振镛六月庚寅迁。周兆基工部右侍
	文宁十一月己未迁。成书工部右侍郎
	莫瞻菉九月辛亥降。丁巳，周兆基工
	苏楞额正月丁巳迁。那彦宝工部左侍
	周廷栋十月癸卯迁。韩崶刑部右侍郎
	贡楚克扎布
	金光悌十月癸卯迁。周廷栋刑部左侍
	瑚素通阿
。	赵秉冲五月甲寅迁。刘凤诰兵部右侍
	广兴八月癸卯迁。多庆兵部右侍郎。
郎。	戴联奎
	明志八月癸卯降。广兴兵部左侍郎。
	万承风
	多庆二月丁未迁。德文礼部右侍郎。
	王绶
	多庆二月丁未，礼部左侍郎。八月癸
	刘镮之
	恩普正月丁巳卒。苏楞额正月丁巳，
	潘世恩五月甲寅迁。赵秉冲户部左侍
	那彦宝正月丁巳迁。托津户部左侍郎
	戴均元五月甲寅迁。潘世恩吏部右侍
	玉麟正月丁巳迁。和宁吏部右侍郎。
	李钧简五月甲寅迁。戴均元吏部左侍
	托津正月丁巳迁。玉麟吏部左侍郎。
	熊枚五月癸亥迁。秦承恩工部尚书。
	缊布
	姜晟六月戊寅迁。秦承恩刑部尚书。
	长麟
	邹炳泰
	明亮
	王懿修
	恭阿拉
	戴衢亨
	禄康十一月己未迁。德瑛户部尚书。
	费淳
	德瑛十一月己未迁。瑚图礼吏部尚书
	嘉庆十一年丙寅

郎。九月丁巳迁。蒋予蒲工部右侍郎。

郎。

部左侍郎。

郎。壬戌迁。英和工部左侍郎。

。

郎。

郎。十月甲申迁。部自昌兵部右侍郎。

九月己酉迁。扎郎阿兵部右侍郎。

九月己酉降。多庆兵部左侍郎。

五月己酉迁。桂芳礼部右侍郎。十月癸巳

卯迁。萨彬图礼部左侍郎。十月癸巳迁。

户部右侍郎。

郎。

郎。

郎。六月庚寅迁。曹振镛吏部右侍郎。十

五月己酉迁。德文吏部右侍郎。

郎。六月庚寅迁。潘世恩吏部左侍郎。

六月戊寅迁。姜晟工部尚书。八月庚寅病

。

迁。普恭礼部右侍郎。

桂芳礼部左侍郎。

月甲申迁。刘凤诰吏部右侍郎。

免。汪志伊工部尚书。十月甲申迁。曹振

	蒋予蒲
	成书
	周兆基
	英和
	韩封正月丙午迁。秦瀛刑部
	贡楚克扎布四月癸未迁。广
	周廷栋正月丙午迁。韩封刑
	瑚素通阿
	邵自昌十一月丙寅迁。阮元
	戴联奎十一月丙寅迁。部自
	多庆
	万承风十一月丙寅迁。戴联
	普恭
	王绶十一月丙寅病解。万承
	桂芳
	刘镮之
	苏楞额
	赵秉冲
	托津
	刘凤诰
	德文
	潘世恩
	王麟
镛工部尚书。	曹振镛
	缊布
	秦承恩
	长麟
	邹炳泰正月丙午，刘权之兵
	明亮
	王懿修
	恭阿拉
	戴衢亨
	德瑛
	费淳迁。正月丙午，邹炳泰
	瑚图礼
	嘉庆十二年丁卯

右侍郎。
部兴刑部右侍郎。
部左侍郎。

兵部右侍郎。十二月癸未迁。周兴岱兵部

昌兵部左侍郎。

奎礼部右侍郎。

风礼部左侍郎。

部尚书。

吏部尚书。

右侍郎。

蒋予蒲二月甲申迁。陈希曾工部
成书五月乙巳迁。常福工部右侍
周兆基九月己巳迁。陈希曾工部
英和六月庚申迁。庆惠工部左侍
秦瀛六月乙巳降。许兆椿刑部右
广兴正月丁巳迁。穆克登额刑部
韩崶六月己巳降。章煦刑部左侍
瑚素通阿正月丁巳病免。广兴刑
周兴岱十二月乙巳迁。万成风兵
成书五月乙巳，兵部右侍郎。
邵自昌
多庆五月乙巳迁。普恭兵部左侍
戴联奎十二月乙巳迁。邵洪礼部
普恭五月乙巳迁。多庆礼部右侍
万承风十二月乙巳迁。戴联奎礼
桂芳
刘镮之
苏楞额革。六月庚申，英和户部
赵秉冲
托津
刘凤诰
德文
潘世恩
玉麟
曹振镛
缊布
秦承恩六月己巳降。吴璥刑部尚
长麟
刘权之
明亮
王懿修
恭阿拉
戴衢亨
德瑛
邹炳泰
瑚图礼
嘉庆十三年戊辰

右侍郎。九月己巳迁。顾德庆工部右侍郎
郎。六月庚申，阿明阿工部右侍郎。
左侍郎。
郎。
侍郎。九月己丑迁。周兆基刑部右侍郎。
右侍郎。十一月甲申迁。景禄刑部右侍郎
郎。九月己丑迁。许兆椿刑部左侍郎。
部左侍郎。十一月甲申革。穆克登额刑部
部右侍郎。
郎。
右侍郎。
郎。六月庚申迁。秀宁礼部右侍郎。
部左侍郎。
右侍郎。
书。十二月庚申迁。金光悌刑部尚书。

	颀德庆
。	阿明阿四月辛酉迁。苏楞额工部
	陈希曾十二月庚戌降留。
	庆惠四月癸巳议。阿明阿工部左
	周兆奎三月辛酉迁。胡克家刑部
。	景禄
	许兆椿三月辛酉迁。周兆奎刑部
左侍郎。	穆克登额
	万承风六月壬辰降。秦瀛兵部右
	成书
	邵自昌十一月丙寅迁。秦瀛兵部
	普恭
	邵洪
	秀宁六月丙午迁。成格礼部右侍
	戴联奎
	桂芳六月丙午迁。秀宁礼部左侍
	刘镮之
	英和
	赵秉冲
	托津
	刘凤诰八月庚戌革。周兆基吏部
	德文降。六月丙午，桂芳吏部右
	潘世恩
	玉麟
	曹振镛七月丁卯迁。戴衢亨工部
	缊布六月庚戌疾免。苏楞额工部
	金光悌
	长麟
	刘权之
	明亮
	王懿修
	恭阿拉
	戴衢亨七月丁卯迁。曹振镛户部
	德瑛十二月辛丑降。禄康户部尚
	邹炳泰
	瑚图礼
	嘉庆十四年己巳

右侍郎。六月庚戌迁。福庆工部右侍郎。

侍郎。十二月戊戌革。辛丑，德瑛工部左
右侍郎。六月丙午迁。朱理刑部右侍郎。

左侍郎。八月庚戌，朱理刑部左侍郎。

侍郎。十一月丙寅迁。万承风仍任。

左侍郎。

郎。

郎。

右侍郎。
侍郎。

尚书。
尚书。十二月戊戌革。秀林工部尚书。

尚书。
书。

十二月庚戌迁。荣麟工部右侍郎。

侍郎。十二月庚戌休。福庆工部左侍郎。
八月庚戌迁。初彭龄刑部右侍郎。十一月。

嘉庆十五年	
瑚图礼二月	
邹炳泰	
禄康五月癸	
曹振镛	
恭阿拉九月	
王懿修	
明亮	
刘权之	
长麟二月辛	
金光悌二月辛	
秀林二月辛	
戴衢亨五月	
玉麟	
潘世恩	
桂芳二月辛	
周兆基	
托津二月辛	
赵秉冲	
英和二月辛	
刘镮之	
秀宁八月庚	
戴联奎	
成格七月乙	
邵洪	
普恭七月乙	
秦瀛正月丁	
成书七月乙	
万承风正月	
穆克登额	
朱理	
景禄	
金应琦正月	丙寅迁。金应琦刑部右侍郎。
福庆九月壬	
陈希曾	
荣麟二月辛	
顾德庆	

卯迁。马慧裕工部右侍郎。六月辛丑迁。

戌迁。常福工部左侍郎。

辛未降。丁丑，秦瀛刑部右侍郎。十二月

丁丑迁。费淳兵部右侍郎。五月癸亥迁。

亥迁。成格兵部右侍郎。九月壬戌迁。明

丑迁。万承风兵部左侍郎。

亥降。成书兵部左侍郎。

亥迁。德文礼部右侍郎。八月庚子迁。哈

子迁。德文礼部左侍郎。

卯迁。桂芳户部右侍郎。

卯迁。英和户部左侍郎。

卯迁。荣麟吏部右侍郎。八月丁亥降。秀

癸亥迁。费淳工部尚书。

卯迁。托津工部尚书。五月癸亥迁。勒保

卯疾免。瑚图礼刑部尚书。六月辛丑迁。

壬戌迁。福庆礼部尚书。

亥迁。托津户部尚书。

辛卯迁。秀林吏部尚书。六月辛丑降。瑚

庚午

常福工部右侍郎。九月壬戌迁。成格工部

甲申疾免。宋熔刑部右侍郎。

宋熔兵部右侍郎。十二月甲申迁。胡长龄

志兵部右侍郎。

宁阿礼部右侍郎

宁吏部右侍郎。

工部尚书。六月辛丑迁。马慧裕工部尚书

勒保刑部尚书。

图礼吏部尚书。

	顾德庆
右侍郎。	成格
	陈希曾
	常福
	宋熔
	景禄六
	朱理
	穆克登
兵部右侍郎。	胡长龄
	明志
	万承风
	成书
	邵洪七
	哈宁阿
	戴联奎
	德文六
	刘镮之
	桂芳
	赵秉冲
	英和
	周兆基
	秀宁九
	潘世恩
	王麟九
	费淳三
。九月壬戌迁。恭阿拉工部尚书。	恭阿拉
	金光悌
	勒保正
	刘权之
	明亮六
	王懿修
	福庆
	曹振镛
	托津
	邹炳泰
	瑚图礼
	嘉庆十

七月壬午迁。初彭龄工部右侍郎。十一月
七月戊寅迁。钱楷工部左侍郎。七月壬午
月丁巳迁。文宁刑部右侍郎。八月甲寅迁
额六月丁巳迁。景禄刑部左侍郎。
月戊寅疾免。帅承瀛礼部右侍郎。十一月
六月甲寅迁。凯音布礼部右侍郎。九月辛
月甲寅迁。哈宁阿礼部左侍郎。
五月辛巳迁。钱楷户部右侍郎。七月戊寅
月辛丑迁。凯音布吏部右侍郎。
月辛丑革。铁保吏部左侍郎。
月乙亥卒。王集工部尚书。
六月丙辰迁。丁巳，吉纶工部尚书。
月癸酉迁。百龄刑部尚书。五月癸卯迁。
五月辛巳迁。刘镮之兵部尚书。
月壬子革。丙辰，恭阿拉兵部尚书。
九月乙未降。松筠吏部尚书。
六年辛未

辛卯迁。帅承瀛工部右侍郎。

迁。顾德庆工部左侍郎。十一月辛卯，初

。十一月辛卯，成宁刑部右侍郎。

辛卯迁。汪廷珍礼部右侍郎。

丑迁。秀宁礼部右侍郎。

迁。陈希曾户部右侍郎。

崇禄刑部尚书。

帅承瀛五月戊寅迁。赵
成格
彭龄工部左侍郎。
初彭龄五月戊寅迁。帅
常福
宋熔三月迁。章煦刑部
成宁十一月辛未迁。文
朱理三月庚子迁。宋熔
景禄
胡长龄二月己未迁。戴
明志
万承风十一月辛巳疾免
成书
汪廷珍
秀宁
戴联奎二月己未迁。胡
哈宁阿
陈希曾五月戊寅降。赵
桂芳
赵秉冲五月戊寅迁。初
英和五月戊寅降。景安
周兆基十二月壬子迁。
凯音布十二月壬子迁。
潘世恩十二月壬子迁。
铁保十二月壬子迁。凯
王集十二月壬子迁。潘
吉纶
金光悌十二月壬子卒。
崇禄
刘镮之
恭阿拉十月丁卯迁。福
王懿修
福庆十月丁卯迁。恭阿
曹振镛
托津
邹炳泰
松筠
嘉庆十七年壬申

秉冲工部右侍郎。阮元八月甲寅迁。许兆

承瀛工部左侍郎。十二月壬子迁。许兆椿

右侍郎。

刑孚刑部右侍郎。

刑部左侍郎。

联奎兵部右侍郎。十一月辛巳迁。吴烜兵

。戴联奎兵部左侍郎。

长龄礼部左侍郎。

秉冲户部右侍郎。

彭龄户部左侍郎。

户部左侍郎。十一月辛未迁。成宁户部左

帅承瀛吏部右侍郎。

成宁吏部右侍郎。

周兆基吏部左侍郎。

音布吏部左侍郎。

世恩工部尚书。

祖之望刑部尚书。

庆兵部尚书。

拉礼部尚书。十二月壬子疾免。铁保礼部

椿工部右侍郎。十二月壬子迁。茹棻工部

工部左侍郎。

部右侍郎。

侍郎。十二月壬子迁。玉麟户部左侍郎。

尚书。

右侍郎。	茹棻三月甲戌迁。陈希曾工部右
	成格八月壬子迁。庆祥工部右侍
	许兆椿正月辛未迁。蒋予蒲工部
	常福
	章煦迁。九月庚辰，陈预刑部右
	文孚六月丁未降。壬子，穆克登
	宋镕
	景禄降。八月壬子，穆克登额刑
	吴烜三月甲戌迁。卢荫溥兵部右
	明志革。九月丁亥，果齐斯欢兵
	戴联奎三月甲戌迁。吴烜兵部左
	成书
	汪廷珍九月甲申迁。汪廷珍礼部
	秀宁三月辛未迁。英和礼部右侍
	胡长龄九月甲申迁。王宗诚礼部
	哈宁阿降。三月辛未，秀宁礼部
	赵秉冲
	桂芳
	初彭龄九月乙亥迁。卢荫溥户部
	王麟九月己卯革。苏楞额户部左
	许兆椿正月辛未，吏部右侍郎。
	成宁三月辛未迁。文宁吏部右侍
	周兆基九月甲申迁。吴烜吏部左
	凯音布议。三月辛未，成宁吏部
	潘世恩九月庚辰迁。章煦工部尚
	吉纶九月己卯革。成宁工部尚书
	祖之望十月丙申疾免。韩封刑部
	崇禄
	刘镮之
	福庆十月壬戌革。明亮署兵部尚
	王懿修九月癸未休。甲申，胡长
	铁保九月甲申迁。德文礼部尚书
	曹振镛九月庚辰迁。潘世恩户部
	托津
	邹炳泰九月庚辰降。曹振镛吏部
	松筠九月甲申迁。铁保吏部尚书
	嘉庆十八年癸酉

侍郎。
左郎。十二月庚辰，徵瑞工部右侍郎。
左侍郎。三月甲戌，茹棻工部左侍郎。

侍郎。
额刑部右侍郎。八月壬子迁。成格刑部右

部侍部左侍郎。三月甲戌，高杞刑部左侍郎。
侍郎。八月辛酉迁。吴芳培兵部右侍郎。
侍部右侍郎。
侍郎。八月辛酉迁。卢荫溥兵部左侍郎。

左侍郎。
右郎。九月己卯，佛住礼部右侍郎。
右侍郎。
左侍郎。九月己卯迁。瑚图礼礼部左侍郎

左侍郎。
侍郎。
三月甲戌迁。戴联奎吏部右侍郎。八月辛
侍郎。九月己卯迁。秀宁吏部右侍郎。
侍郎。
左侍郎。九月己卯，文宁吏部左侍郎。
书。九月甲申迁。周兆基工部尚书。
尚。九月癸巳革。英和工部尚书。
书。

书。
龄礼部尚书。
。九月癸巳革。成宁礼部尚书。
尚书。

尚书。九月甲申迁。章煦吏部尚书。
。

侍郎。

八月迁。穆克登额刑部左侍郎。

九月戊寅迁。温汝适兵部右侍郎。

九月乙亥迁。戊寅，吴芳培兵部左侍郎。

。

酉，吴烜吏部右侍郎。九月甲申迁。吴璥

	陈希曾三月癸卯迁。鲍桂星
	徵瑞二月丙辰迁。穆克登额
	茹棻八月乙亥迁。丙子，王
	常福二月丙辰迁。徵瑞工部
	陈预三月癸卯迁。陈希曾刑
	成格二月丙辰迁。成林刑部
	宋镕忧免。许兆椿正月癸未
	穆克登额二月丙辰迁。成格
	温汝适二月辛亥迁。周系英
	果齐斯欢正月壬辰迁。普恭
	吴芳培
	成书正月壬辰迁。果齐斯欢
	王宗诚
	佛保闰月甲子迁。穆克登额
	汪廷珍
	胡图礼四月己卯迁。穆克登
	赵秉冲四月庚午卒。黄钺户
	桂芳三月癸卯迁。常福户部
	卢荫溥
	苏楞额二月丙辰迁。果齐斯
吏部右侍郎。	吴烜正月壬午迁。戴均元吏
	秀宁闰月甲子迁。佛住吏部
	吴烜
	文宁闰月甲子迁。秀宁吏部
	周兆基
	英和二月丙辰迁。苏楞额工
	韩崶
	崇禄
	刘镮之六月辛巳迁。初彭龄
	明亮迁。三月甲寅，和宁兵
	胡长龄八月乙亥疾免。戴均
	成宁闰月丙子革。和宁礼部
	潘世恩六月辛巳忧。刘镮之
	托津八月辛未迁。胡图礼户
	章煦
	铁保二月丙辰革。英和吏部
	嘉庆十九年甲戌

工部右侍郎。十二月癸亥革。乙丑，王鼎
工部右侍郎。闰月甲子迁。那彦宝工部右
以衔工部左侍郎。
左侍郎。十一月壬辰革。穆克登额工部左
部右侍郎。四月壬午迁。朱理刑部右侍郎
右侍郎。五月乙未革。那彦宝刑部右侍郎
，刑部左侍郎。四月壬午迁。陈希曾刑部
刑部左侍郎。八月戊辰迁。那彦宝刑部左
兵部右侍郎。
兵部右侍郎。二月丙辰迁。常福兵部右侍

兵部左侍郎。二月丙辰迁。普恭兵部左侍

礼部右侍郎。四月己卯迁。宝兴礼部右侍

额礼部左侍郎。十月乙丑迁，宝兴礼部左
部右侍郎。
右侍郎。十月乙丑解。成格户部右侍郎。

欢户部左侍郎。
部右侍郎。二月丁巳迁。顾德庆吏部右侍
右侍郎。

左侍郎。

部尚书。

兵部尚书。
部尚书。四月己卯降。瑚图礼兵部尚书。
元礼部尚书。
尚书。三月甲寅迁。景安礼部尚书。九月
户部尚书。
部尚书。九月癸巳迁。景安户部尚书。

尚书。

工部右侍郎
侍郎。五月乙未迁。英绶工部右侍郎。七

侍郎。十二月辛酉迁。景禄工部左侍郎。

。八月戊辰，熙昌刑部右侍郎。
左侍郎。
侍郎。

郎。三月癸卯迁。禧恩兵部右侍郎。九月

郎。九月壬子迁。禧恩兵部左侍郎。

郎。十月乙丑迁。穆彰阿礼部右侍郎。

侍郎。

郎。

八月辛未迁。明亮兵部尚书。

癸巳迁。瑚图礼礼部尚书。十二月辛酉卒

月壬子免。熙昌工部右侍郎。八月戊辰迁

壬子迁。恩宁兵部右侍郎。

。穆克登额礼部尚书。

穆克登。十月乙丑迁。成格工部右侍郎。

额工部右侍郎。十二月壬辰迁。润祥工部

姓名	记事
王鼎	
普恭	右侍郎。壬寅迁。普恭工部右侍郎。
王以	
景禄	
朱理	
熙昌	
陈希	
那彦	
周系	
恩宁	
吴芳	
禧恩	
王宗	
穆彰	
汪廷	
宝兴	
黄钺	
成格	
卢荫	
果齐	
顾德	
佛住	
吴烜	
秀宁	
周兆	
苏楞	
韩崶	
崇禄	
初彭	
明亮	
戴均	
穆克	
刘镮	
景安	
章煦	
英和	
嘉庆	

衔
七月丁巳迁。苏楞额工部左侍郎。
五月庚寅迁。彭希濂刑部右侍郎。

曾
宝
英忧免。四月戊寅，姚文田兵部右侍郎。
十二月丁卯降。常福兵部右侍郎。
塔忧免。六月丙辰，顾德庆兵部左侍郎。

诚
阿十二月丁卯降。贵庆礼部右侍郎。壬申
珍

溥
斯欢
庆六月丙辰迁。帅承瀛吏部左侍郎。

基
额

龄正月戊戌降。癸卯，吴璥兵部尚书。

元
登额
之

二十年乙亥

降。文宁礼部右侍郎。

王鼎六月丁丑迁。
普恭六月丁丑迁。
王以衔
苏楞额
彭希濂三月壬辰降
熙昌六月庚申迁。
陈希曾六月丁丑迁
那彦宝六月庚申迁
姚文田四月乙丑迁
常福
顾德庆
禧恩
王宗诚四月乞休。
文宁三月戊申迁。
汪廷珍
宝兴六月癸酉降。
黄钺六月庚申迁。
成格六月庚申，那
卢荫溥六月庚申，
果齐斯欢
帅承瀛三月壬辰迁
佛住六月丁丑革。
吴烜六月丁丑革。
秀宁十一月庚午迁
周兆基十一月己巳
苏楞额七月乙卯革
韩崶十一月己巳忧
崇禄
吴璥
明亮
戴均元闰月壬寅迁
穆克登额七月乙卯
刘镮之
景安
章煦闰月壬寅迁。
英和
嘉庆二十一年丙子

陈希曾工部右侍郎。九月己未疾免。陆以

诚安工部右侍郎。

。帅承瀛刑部右侍郎。六月丁丑迁。朱理

成格刑部右侍郎。

。帅承瀛刑部左侍郎。

。熙昌刑部左侍郎。十一月庚午迁。秀宁

。曹师曾兵部右侍郎。

乙丑，姚文田礼部右侍郎。六月庚申迁。

多山礼部右侍郎。六月癸酉迁。廉善礼部

多山礼部左侍郎。

卢荫溥户部右侍郎。

彦宝户部右侍郎。

姚文田户部左侍郎

。戴联奎吏部左侍郎。六月丁丑迁。王鼎

普恭吏部右侍郎。

戴联奎吏部左侍郎。七月丙辰迁。王鼎吏

。熙昌吏部左侍郎。

迁。茹棻工部尚书。

。和宁工部尚书。

。章煦刑部尚书。

。章煦礼部尚书。十一月己巳迁。周兆基

革。丁巳，马慧裕礼部尚书。八月己亥卒

戴均元吏部尚书。

庄工部右侍郎。

刑部右侍郎。十一月壬子迁。彭希濂刑部

刑部左侍郎。

黄钺礼部右侍郎。
右侍郎。

吏部右侍郎。七月丙辰迁。茹棻吏部右侍
部左侍郎。

礼部尚书。
。成宁礼部尚书。

右侍郎。

郎。十一月己巳迁。吴芳培吏部右侍郎。

陆以庄

诚安

王以衔

苏楞额七月丙辰迁。果齐斯欢工部左侍郎。

彭希濂

成格十二月乙未迁。廉善刑部右侍郎。

帅承瀛

秀宁

曹师曾

常福三月己巳迁。穆彰阿兵部右侍郎。

顾德庆

禧恩三月己巳迁。常福兵部左侍郎。

黄钺三月戊辰迁。汤金钊礼部右侍郎。

廉善十二月乙未迁。

汪廷珍三月辛未迁。王引之礼部左侍郎。

多山

卢荫溥三月戊辰迁。姚文田户部右侍郎。

那彦宝

姚文田三月戊辰迁。黄钺户部右侍郎。

果尔齐欢三月己巳降。禧恩户部左侍郎。

吴芳培

普恭

王鼎

熙昌

茹棻

和宁六月甲戌迁。伊冲阿工部尚书。七月

章煦三月辛未病解。吴敷刑部尚书。

崇禄

吴敷三月辛未迁。卢荫溥兵部尚书。九月

明亮六月甲戌迁。和宁兵部尚书。七月甲

周兆基三月戊辰卒。卢荫溥礼部尚书。三

成宁七月甲寅降。丙辰，和宁礼部尚书。

刘镮之九月辛酉降。卢荫溥户部尚书。

景安

戴均元

英和

嘉庆二十二年丁丑

。

丙辰迁。苏楞额工部尚书。

辛酉迁。章煦兵部尚书。

辰迁。伊冲阿兵部尚书。十一月乙丑迁。

月辛未迁。戴联奎礼部尚书。

十一月乙丑迁。穆克登额礼部尚书。

陆以庄	
诚安	
王以衔	
果齐斯欢二月乙酉革。德	
彭希濂	
廉善五月癸卯迁。穆彰阿	
帅承瀛	
秀宁五月癸卯降。廉善刑	
曹师曾	
穆彰阿五月癸卯迁。明兴	
顾德庆	
常福	
汤金钊	
德文正月庚子，礼部右侍	
王引之	
多山五月甲辰迁。哈宁阿	
姚文田	
那彦宝	
黄钺	
禧恩	
吴芳培三月庚戌迁。周系	
普恭十月丙戌迁。成宁吏	
王鼎	
熙昌十月丙戌卒。普恭吏	
茹棻	
苏楞额	
吴璥	
崇禄	
章煦三月庚戌迁。戴联奎	
和宁	和宁兵部尚书。
戴联奎三月庚戌迁。汪廷	
穆克登额十二月庚寅迁。	
卢荫溥	
景安	
戴均元	
英和	
嘉庆二十三年戊寅	

文工部左侍郎。十月戊子迁。穆彰阿工部

刑部右侍郎。九月丙申迁。文孚刑部右侍

部左侍郎。

阿兵部右侍郎。九月丙申迁。穆彰阿兵部

郎。二月乙酉迁。哈宁阿礼部右侍郎。五

礼部左侍郎。十一月降。恩宁礼部左侍郎

英吏部右侍郎。

部右侍郎。十一月辛丑迁。德文吏部右侍

部左侍郎。

兵部尚书。

珍礼部尚书。

松筠礼部尚书。

左侍郎。

郎。

右侍郎。十月戊子迁。德文兵部右侍郎。

月甲辰迁。同龢礼部右侍郎。

。

郎。

陆以庄	
诚安二	
王以衔	
穆彰阿	
彭希濂	
文孚	
帅承瀛	
廉善	
曹师曾	
英惠七	十一月辛丑迁。英惠兵部右侍郎。
顾德庆	
常福	
汤金钊	
同麟九	
王引之	
恩宁迁	
姚文田	
那彦宝	
黄钺九	
禧恩	
周系英	
常起五	
王鼎闰	
普恭五	
茹棻	
苏楞额	
吴璥闰	
崇禄正	
戴联奎	
和宁正	
王廷珍	
松筠六	
卢荫溥	
景安	
戴均元	
英和	
嘉庆二	

月辛未迁。穆克登额工部右侍郎。八月壬

三月己亥降。王鼎闰月庚戌，刑部右侍郎

九月戊子迁。吴其彦兵部右侍郎。

月庚辰革。常英兵部右侍郎。

九月丙寅迁。王宗诚兵部左侍郎。九月戊

月戊子降。那清安礼部右侍郎。

九月戊子降。汪廷珍礼部左侍郎。

。六月癸未，和桂礼部左侍郎。九月戊子

九月戊子迁。王鼎户部右侍郎。

月戊子迁。姚文田户部左侍郎。

闰月庚戌迁。吴芳培吏部右侍郎。十二月

月戊戌，吏部右侍郎。

月庚戌迁。周系英吏部左侍郎。九月丙辰

月辛未迁。成宁吏部左侍郎。六月癸卯迁

月庚戌病解。韩崶刑部尚书。

月丁巳迁。和宁刑部尚书。

月丁巳迁。崇禄兵部尚书。六月癸卯迁。

九月戊子降。黄钺礼部尚书。

月癸卯迁。崇禄礼部尚书。九月戊子降。

十四年己卯

辰迁。善庆工部右侍郎。

。九月戊子迁。吴邦庆刑部右侍郎。十二

子降。曹师曾兵部左侍郎。

降。崇禄礼部左侍郎。

庚子迁。王引之吏部右侍郎。

降。顾德庆吏部左侍郎。

。恩宁吏部左侍郎。

松筠兵部尚书。九月癸酉迁。和世泰兵部

穆克登额礼部尚书。

陆以庄	
善庆九月	
王以衔	
穆彰阿	
吴芳培三	月庚子降。吴芳培刑部右侍郎。
文孚三月	
帅承瀛十月	
廉善九月	
吴其彦	
常英二月	
曹师曾二	
常福二月	
汤金钊九	
那清安六	
汪廷珍二	
崇禄六月	
王鼎	
那彦宝三	
姚文田	
禧恩	
王引之	
常起	
顾德庆九	
恩宁	
茹棻九月	
苏楞额十	
韩崶	
和宁	
戴联奎三	
和世泰四	尚书。
黄钺九月	
穆克登额	
卢荫溥九	
景安十月	
戴均元二	
英和十月	
嘉庆二十	

壬子迁。文孚工部右侍郎。十一月甲戌迁

月己卯迁。吴邦庆刑部右侍郎。四月己亥
丁丑迁。海龄刑部右侍郎。
二月丙午迁。韩文绮刑部左侍郎。
壬子迁。那清安刑部左侍郎。十一月甲戌

甲子降。戊辰，哈宁阿兵部右侍郎。三月
月甲子降。戊辰，吴邦庆兵部左侍郎。
甲子降。戊辰，阿克当阿兵部左侍郎。
月壬子迁。吴烜礼部右侍郎。
月甲寅迁。和桂礼部右侍郎。九月壬子迁
月戊辰迁。王宗诚礼部左侍郎。
甲寅迁。那清安礼部左侍郎。九月壬子迁

月丁丑迁。禧恩户部右侍郎。九月壬子迁

月壬子迁。汤金钊吏部左侍郎。

壬子迁。卢荫溥工部尚书。
月丁亥迁。穆克登额工部尚书。

月甲子降。戊辰，刘镮之兵部尚书。九月
月壬寅革。戊申，伯麟兵部尚书。
壬子迁。廷珍礼部尚书。
十月丁亥迁。普恭礼部尚书。
月壬子迁。黄钺户部尚书。
丁亥迁。英和户部尚书。
月癸卯迁。吴璥吏部尚书。九月壬子迁。
丁亥迁。那彦成吏部尚书。

五年庚辰

。那清安工部右侍郎。

迁。程国仁刑部右侍郎。六月壬辰革。韩

迁。那彦宝刑部左侍郎。

己卯迁。吴芳培兵部左侍郎。

。书敏礼部右侍郎。

。善庆礼部左侍郎。

。廉善户部右侍郎。

壬子迁。茹棻兵部尚书。

刘镮之吏部尚书。

文绮刑部右侍郎。十二月丙午迁。

清史稿卷一八七

表第二八

部院大臣年表五下

嘉庆元年丙辰	理藩院尚书	理藩院左侍郎	理藩院右侍郎	都察院满左都御史	都察院汉左都御史	都察院满左副都御	都察院满左副都御	都察院汉左副都御	都察院汉左副都御
嘉庆二年丁巳	理藩院尚书	理藩院左侍郎	理藩院右侍郎	都察院满左都御史	都察院汉左都御史	都察院满左副都御	都察院满左副都御	都察院汉左副都御	都察院汉左副都御
嘉庆三年戊午	理藩院尚书	理藩院左侍郎	理藩院右侍郎	都察院满左都御史	都察院汉左都御史	都察院满左副都御	都察院满左副都御	都察院汉左副都御	都察院汉左副都御

史	孟邵十一月戊辰，陈嗣龙左副都御史。
史	汪承霈
史	瑚图灵阿
史	达庆
	胡高望二月壬子卒。吴省钦左都御史。
	舒常十二月丁亥卒。德成左都御史。
	特克慎八月迁。甲寅，普福理藩院右侍
	奎舒
	惠龄

史	孟邵
史	汪承霈
史	瑚图灵阿三月戊午，左副都御史。
史	达庆
	纪昀八月丙辰调。胡高望左都御史。
	舒常
	特克慎
	奎舒
	乌尔图纳逊革。二月己未，惠龄理藩院

史	赵佑十月壬辰迁。十二月甲戌，孟邵左
史	汪承霈
史	世魁
史	庆善十月甲戌，达庆左副都御史。
	金士松六月乙亥迁。沈初左都御史。十
	舒常
	特克慎
	富俊
	留保住三月壬申休致。乌尔图纳逊理藩

	陈嗣龙
	刘湄
	舒聘
	继善二月戊午
	冯光熊九月辛
	禄康正月壬午
郎。	和宁正月乙巳
	贡楚克扎布
	乌尔图纳逊五
	嘉庆六年辛酉
	陈嗣龙
	蒋日纶正月丙
	舒聘
	赓音布三月丙
	赵佑二月辛卯
	达椿七月丁酉
	贡楚克扎布六
	普福七月癸巳
尚书。	乌尔图纳逊
	嘉庆五年庚申
副都御史。	陈嗣龙
	汪承霈正月迁
	瑚图灵阿三月
	达庆三月庚申
月丙戌迁。纪昀左都御史。	吴省钦正月癸
	成德三月庚申
	普福九月戊辰
	奎舒九月革。
院尚书。	惠龄六月丙申
	嘉庆四年己未

迁。丙寅，恩普左副都御史。九月一日迁
。熊枚左都御史。
迁。西成左都御史。
迁。佛尔卿额理藩院右侍郎。

月乙巳，额勒登保理藩院尚书。

寅迁。刘湄左副都御史。

午迁。四月庚戌，继善左副都御史。
卒。汪承霈左都御史。六月丁卯迁。冯光
迁。书敬左都御史。八月己卯迁。禄康左
月癸巳迁。和宁理藩院右侍郎。
迁。贡楚克扎布理藩院左侍郎。

。二月辛丑，蒋日纶左副都御史。
己巳迁。四月壬寅，舒聘左副都御史。
迁。辛酉，广兴左副都御史。十月甲午迁
酉革。乙亥，刘权之左都御史。十月壬辰
迁。傅森左都御史。五月庚辰，阿迪斯左
迁。贡楚克扎布理藩院右侍郎。
戊辰，普福理藩院左侍郎。
迁。乌尔图纳逊理藩院尚书。

。庚子，万宁左副都御史。

熊左都御史。

都御史。

。辛亥，赓音布左副都御史。

，范建中左都御史。十月壬寅迁。赵佑左

都御史。九月壬戌迁。达椿左都御史。

陈嗣龙
陈霞蔚七月丁酉迁。周廷栋左副
舒聘九月降。十一月丁亥，广敏

汪承霈九月庚戌降。熊枚左都御
恭阿拉十一月壬辰迁。英善左都御
明兴七月庚戌迁。和宁理藩院右都
贡楚克扎布七月庚戌迁。明兴理
博兴
嘉庆九年甲子

陈嗣龙
陈霞蔚
舒聘

汪承霈
恭阿拉
佛尔卿额十二月戊寅迁。明兴理
贡楚克扎布
博兴
嘉庆八年癸亥

陈嗣龙
刘湄四月卒。五月辛未，陈霞蔚
舒聘
万宁
都御史。
熊枚七月丁酉迁。汪承霈左都御
西成四月壬子卒。普福左都御史
佛尔卿额
贡楚克扎布
额勒登保迁。二月乙卯，博兴理
嘉庆七年壬戌

都御史。

左副都御史。十二月乙丑迁。

史。

御史。

侍郎。九月迁。

藩院左侍郎。九月迁。和宁理藩院左侍郎

藩院右侍郎。

左副都御史。

史。

。十月丙寅卒。恭阿拉左都御史。

藩院尚书。

嘉庆十年乙丑

博兴

和宁

玉宁正月辛亥，理藩院右侍郎。

英善

熊枚正月辛亥迁。陈大文左都御史。二

成格二月乙亥，左副都御史。

周廷栋十一月丙辰迁。十二月辛巳，邵

陈嗣龙

嘉庆十一年丙寅

博兴

和宁正月丁巳迁。英和理藩院左侍郎。

玉宁正月壬戌迁。特克慎理藩院右侍郎。

英善五月己酉，镌级。赓音左都御史。

秦承恩五月癸亥迁。熊枚左都御史。九

润祥十二月乙酉，左副都御史。

成格二月丁未迁。三月甲戌，诚存左副

邵自昌十月甲申迁。莫晋左副都御史。

陈嗣龙六月乙酉降。蒋予蒲左副都御史

嘉庆十二年丁卯

博兴

。玉宁

特克慎

赓音七月癸卯降。宜兴左都御史。

刘权之正月丙午迁。周廷栋左都御史。

润祥

诚存二月休。三月乙卯，长琇左副都御

莫晋

。邵洪

史。

。九月丁巳迁。邵洪左副都御史。

都御史。

月癸丑降。刘权之左都御史。

。

壬戌迁。王宁理藩院左侍郎。

自昌左副都御史。

月辛未迁。邹炳泰左都御史。五月己亥迁

。王懿修左都御史。闰月壬午迁。秦承恩

	温汝适八月己酉降。十月戊申
	胡长龄十二月甲申迁。癸巳，
	长琇五月壬申卒。乙亥，德文
	润祥
	邵自昌
	王集
	苏冲阿十月丙申迁。成林理藩
	策丹十月己丑解。丙申，苏冲
	博兴三月病免。佛尔卿额理藩
	嘉庆十五年庚午

	戴均元五月庚申迁。秦瀛左副
	莫晋忧免。三月辛酉，秦瀛左
	长琇
	润祥
	周兴岱十一月丙寅卒。邵自昌
	特克慎十二月癸卯休。王集左
	策丹六月庚戌迁。苏冲阿理藩
	玉宁五月庚申迁。福庆理藩院
	博兴
	嘉庆十四年己巳

	邵洪十二月乙巳迁。戴均元左
	莫晋
	长琇
	润祥
左都御史。	周廷栋十二月乙巳休。周兴岱
	宜兴五月甲辰迁。特克慎左都
	特克慎五月甲辰迁。庆惠理藩
	玉宁
	博兴
	嘉庆十三年戊辰

，帅承瀛左副都御史。
曹师曾左副都御史。
左副都御史。七月乙亥迁。八月己亥，诚

院右侍郎。十一月甲子迁。本智理藩院右
阿理藩院左侍郎。
院尚书。

都御史。六月壬辰迁。温汝适左副都御史
副都御史。四月壬子迁。胡长龄左副都御

左都御史。
都御史。
院右侍郎。
左侍郎。六月庚戌迁。策丹理藩院左侍郎

副都御史。

左都御史。
御史。
院右侍郎。六月庚申迁。景禄理藩院右侍

安左副都御史。

侍郎。

史。
。

。

郎。十一月甲申迁。策丹理藩院右侍郎。

嘉庆十六年辛未
佛尔卿额
苏冲阿十一月丁丑革。辛巳，庆祥理藩院
本智闰月丁未迁。吉纶礼理藩院右侍郎。
王集三月乙亥迁。崇禄左都御史。五月癸
邵自昌
润祥十二月己巳迁。
诚安
曹师曾
帅承瀛七月戊寅迁。辛巳，温汝适左副都

嘉庆十七年壬申
佛尔卿额十一月辛未疾免。景安理藩院尚
庆祥
景安五月戊寅迁。普恭理藩院右侍郎。
德文
邵自昌十二月壬子，病免。王集左都御史。
书明阿二月癸丑，左副都御史。壬戌，命
诚安
曹师曾
温汝适

嘉庆十八年癸酉
景安十一月丁亥迁。和世泰理藩院尚书。
庆祥八月壬子迁。普恭理藩院左侍郎。
普恭八月壬子迁。瑚图礼理藩院右侍郎。
德文九月甲申迁。明亮左都御史。十一月
王集
书敏四月甲寅迁。五月，赓泰左副都御史
诚安二月癸卯迁。乙卯，佛住左副都御史
曹师曾
温汝适九月戊寅迁。十一月戊寅，蒋予蒲

左副都御史。

。九月乙卯迁。十一月戊寅，扎拉芬左副

丁亥迁。景安左都御史。

九月己卯迁。禧恩理藩院右侍郎。

改名书敏。

书。

御史。

卯迁。百龄左都御史。六月甲寅迁。德文

六月丁巳迁。贡楚克扎布理藩院右侍郎。

左侍郎。

都御史。

左都御史。

七月乙巳，庆祥理藩院右侍郎。十一月辛

	蒋祥墀
	陆以庄九月己未
	齐布森
	多山三月戊申迁
	茹棻五月辛卯降
	庆溥七月丁巳迁
	喜明
	苏冲阿四月辛未
	和世泰七月乙卯
	嘉庆二十一年丙
	李宗瀚忧免。四
	陆以庄
	齐布森十一月壬
	永祚八月乙丑迁
	茹棻
	庆溥
	苏冲阿四月甲子
	和世泰
	嘉庆二十年乙亥
	蒋予蒲五月戊申
	曹师曾
	扎拉芬
	赓泰九月辛卯迁
	王集二月丁巳病
	景安三月甲寅迁
已。景安理藩院右侍郎。	禧恩正月壬辰迁
	普恭正月壬辰迁
	和世泰
	嘉庆十九年甲戌

迁。彭希濂左副都御史。十一月壬子迁。

。四月乙丑，升寅左副都御史。五月甲申
。马慧裕左都御史。七月丙辰，戴联奎左
。景禄左都御史。

降。松宁理藩院左侍郎。
子革。丁巳，庆溥理藩院尚书。

月丙子，蒋祥墀左副都御史。

辰，左副都御史。
。癸卯，多山左副都御史。

，理藩院左侍郎。

迁。七月庚寅，李宗瀚左副都御史。

。癸卯，景禄左副都御史。十二月辛酉迁
免。戴均元左都御史。八月乙亥迁。茹棻
。明亮左都御史。八月辛未迁。伊冲阿左
。那彦宝理藩院右侍郎。闰二月甲申子迁。
。禧恩理藩院左侍郎。三月癸卯迁。英绶

癸丑，莫普左副都御史。十二月辛巳迁。

迁。闰月甲午，明兴阿左副都御史。

都御史。

。甲戌，永祚左副都御史。

左都御史。

都御史。十月乙丑迁。庆溥左都御史。

英绶理藩院右侍郎。三月癸卯迁。玉福理

理藩院左侍郎。五月乙未迁。玉福理藩院

庚寅，王引之左副都御史。

藩院右侍郎。五月乙未迁。熙昌理藩院右
左侍郎。

侍郎。七月壬子迁。苏冲阿理藩院右侍郎

贾允升
韩鼎晋正月戊戌，左副都御史。
善庆正月戊戌，左副都御史。八月壬辰
和桂六月癸卯迁。丁巳，椿龄左副都御
刘镮之
穆克登额二月辛未降。诚安左都御史。
博兴图七月庚辰迁。裕恩理藩院右侍郎
常英七月庚辰迁。博启图理藩院左侍郎
和世泰九月癸酉迁。赛冲阿理藩院尚书
嘉庆二十四年己卯

贾允升
蒋祥墀十二月庚寅降。
齐布森十二月庚寅降。
明兴阿正月庚子迁。二月丁亥，和桂左
汪廷珍三月庚戌迁。吴芳培左都御史。
景禄十二月庚寅降。穆克登额左都御史。
博兴图
常英
和世泰
嘉庆二十三年戊寅

王引之三月辛未迁。四月甲午，贾允升
蒋祥墀
齐布森
明兴阿
戴联奎三月辛未迁。汪廷珍左都御史。
景禄
。喜明五月辛酉迁。博兴图理藩院右侍郎
松宁二月癸未迁。甲申，常英理藩院左
庆溥四月壬辰迁。伊冲阿理藩院尚书。
嘉庆二十二年丁丑

迁。九月壬申，润德左副都御史。

史。十月甲子迁。十二月己丑，同麟左副

五月辛未迁。普恭左都御史。

。

。

。

副都御史。

十二月庚寅降。刘镮之左都御史。

。

左副都御史。

。

侍郎。

六月甲戌迁。晋隆理藩院尚书。七月己巳

都御史。	
	贾允升
	韩鼎晋
	润德
	同麟
	刘镮之三月戊辰
	普恭十月丁亥迁
	裕恩四月辛亥革
	博启图
革。和世泰理藩院尚书。	赛冲阿九月壬子
	嘉庆二十五年庚

迁。汪廷珍左都御史。九月壬子迁。顾德
。松筠左都御史。十一月癸巳迁。诚存左
。那彦宝理藩院右侍郎。十一月甲戌迁。

迁。那彦成理藩院尚书。十月丁亥迁。和
辰

庆左都御史。

都御史。甲戌迁。文孚左都御史。

常英理藩院右侍郎。

世泰理藩院尚书。十二月丙戌迁。晋昌理

藩院尚书

清史稿卷一八八

表第二九

部院大臣年表六上

	道光元年辛巳
吏部满尚书	那彦
吏部汉尚书	刘镮
户部满尚书	英和
户部汉尚书	黄钺
礼部满尚书	普恭
礼部汉尚书	汪廷
兵部满尚书	庆惠
兵部汉尚书	茹棻
刑部满尚书	和瑛
刑部汉尚书	韩封
工部满尚书	穆克
工部汉尚书	卢应
吏部满左侍郎	恩宁
吏部汉左侍郎	汤金
吏部满右侍郎	常起
吏部汉右侍郎	王引
户部满左侍郎	禧恩
户部汉左侍郎	姚文
户部满右侍郎	廉善
户部汉右侍郎	王鼎
礼部满左侍郎	善庆
礼部汉左侍郎	王宗
礼部满右侍郎	书敏
礼部汉右侍郎	吴烜
兵部满左侍郎	阿克
兵部汉左侍郎	吴芳
兵部满右侍郎	哈丰
兵部汉右侍郎	吴其
刑部满左侍郎	那彦
刑部汉左侍郎	韩文
刑部满右侍郎	海龄
刑部汉右侍郎	王鼎
工部满左侍郎	穆彰
工部汉左侍郎	王以
工部满右侍郎	那清
工部汉右侍郎	陆以

庄迁。十二月癸巳，顾皋工部右侍郎。
安四月庚寅迁。阿克当阿工部右侍郎。七
衔迁。十二月癸巳，陆以庄工部右侍郎。
阿七月辛亥迁。阿克当阿工部左侍郎。十
二月己亥免署。张映汉刑部右侍郎。
迁。六月戊子，承光刑部右侍郎。八月己
绮
宝七月辛亥迁。廉善刑部左侍郎。
彦七月己巳病免。辛未，牡塄兵部右侍郎
阿五月庚午迁。常英兵部右侍郎。
塔
当阿迁。四月庚寅，成书兵部左侍郎。五
七月壬戌病免。初彭龄礼部右侍郎。八月
十二月壬午迁。佛住礼部右侍郎。
诚

五月庚午迁。成书户部右侍郎。七月乙卯
田

之

钊
五月庚午，廉善吏部左侍郎。七月辛亥迁
溥十二月癸巳迁。初彭龄工部尚书。
登额

七月庚戌卒。那彦成刑部尚书。
八月癸巳卒。初彭龄兵部尚书。十二月癸
迁。五月己巳，松筠兵部尚书。七月庚戌
珍
迁。正月己丑，文孚礼部尚书。

之十二月癸巳卒。卢荫溥吏部尚书。
成七月庚戌迁。松筠吏部尚书。

月辛亥迁。果齐斯欢工部右侍郎。裕恩补

月丙戌。果齐斯欢工部左侍郎。

卯，海龄刑部右侍郎。

。

月庚午迁。哈丰阿兵部左侍郎。十二月壬
癸巳迁。戴联奎礼部右侍郎。十二月癸巳

卒。穆彰阿户部右侍郎。

。那彦宝吏部左侍郎。

巳迁。戴联奎兵部尚书。
迁。晋昌兵部尚书。

	顾皋
。	裕恩六月戊辰迁。
	陆以庄正月己巳迁
	果齐斯欢正月己巳
	张映汉八月己酉，
	海龄六月戊辰迁。
	韩文绮九月庚寅迁
	廉善五月丁亥迁。
	杜堮三月庚戌迁。
	常英
	吴芳培正月己巳休
午，玉麟兵部左侍郎。	王玉麟正月己巳迁。
，王以衔补。	王以衔
	佛住正月己巳迁。
	王宗诚二月癸巳迁
	善庆正月己巳降。
	王鼎正月己巳迁。
	穆彰阿
	姚文田
	禧恩闰月乙酉迁。
	王引之三月庚戌迁
	常起正月己巳迁。
	汤金钊三月庚戌迁
	那彦宝正月己巳降
	初彭龄
	穆克登额三月庚戌
	韩崶
	那彦成十月己酉迁
	戴联奎二月癸巳卒
	晋昌六月戊辰，那
	汪廷珍
	文孚三月庚戌迁。
	黄钺
	英和
	卢荫溥
	松筠六月壬戌革降
	道光二年壬午

龄椿工部右侍郎。十月病免。王戌，敬征
。周系英工部左侍郎。
迁。舒明阿工部左侍郎。
陆以庄刑部右侍郎。
恩铭刑部右侍郎。十月王戌迁。奎照刑部
。庚子，程国仁刑部左侍郎。
王鼎刑部左侍郎。六月戊辰迁。明山刑部
陆以庄兵部右侍郎。八月己酉迁。朱士彦

致。顾德庆兵部左侍郎。
果齐斯欢兵部左侍郎。闰月丙戌迁。常福

明志礼部右侍郎。五月乙亥迁。龄椿礼部
。李宗昉礼部左侍郎。
王鼎礼部左侍郎。五月乙亥迁。明志礼部
陆以庄户部右侍郎。三月庚戌迁。汤金钊

丙戌，果齐斯欢户部左侍郎。十二月丙辰
。杜堮吏部右侍郎。
佛住吏部右侍郎。五月辛卯病免。六月戊
。王引之吏部左侍郎。
。常起吏部左侍郎。

迁。文孚工部尚书。六月戊辰迁。禧恩工

。蒋攸铦九月庚寅，署刑部尚书。十月己
。王宗诚兵部尚书。
清安兵部尚书。

穆克登额礼部尚书。十一月辛巳降。己酉

。戊辰，文孚吏部尚书。

工部右侍郎。

右侍郎。

左侍郎。十月壬戌，恩铭刑部左侍郎。
兵部右侍郎。

兵部左侍郎。十月己酉病免。

右侍郎。六月戊辰迁。博启图礼部右侍郎

左侍郎。十二月丙辰，博启图礼部左侍郎
户部右侍郎。

，穆克登额户部左侍郎。

辰，裕恩吏部右侍郎。

部尚书。

酉补。

，玉麟礼部尚书。

	顾皋十二月丁
	敬征
	周系英
	舒明阿
	陆以庄正月丙
	奎照九月壬辰
	程国仁二月辛
	恩铭正月乙未
	朱士彦十二月
	常英四月丙午
	顾德庆十二月
	恩铭正月乙未
	王以衔十二月
。十二月丙辰迁。舒英补。	舒英十二月丁
	李宗昉
。	博启图十二月
	汤金钊忧免。
	穆彰阿四月丙
	姚文田
	穆克登额四月
	杜堮
	裕恩九月壬辰
	王引之
	常起
	初彭龄
	禧恩
	韩崶
	蒋攸铦四月甲
	王宗诚
	那清安四月甲
	汪廷珍
	王鼎四月甲辰
	黄钺
	英和
	卢荫溥
	文孚
	道光三年癸未

巳迁。顾德庆工部右侍郎。

戊病免。史致俨刑部右侍郎。
迁。多福刑部右侍郎。
丑迁。戴敦元刑部左侍郎。
迁。廉善刑部左侍郎，卒。十一月乙亥，
丁巳迁。贾允升兵部右侍郎。
迁。耆英兵部右侍郎。
丁巳迁。朱士彦兵部左侍郎。
，兵部左侍郎。四月丙午迁。常英兵部左
庚戌，辛从益礼部右侍郎。
巳迁。明志礼部右侍郎。

丁巳迁。舒英礼部左侍郎。
十二月丁巳，顾皋户部右侍郎。
午迁。恩铭户部右侍郎。

甲辰迁。穆彰阿户部左侍郎。九月壬辰迁
迁。奎照吏部右侍郎。

辰迁。那清安刑部尚书。
辰迁。玉麟兵部尚书。
迁。穆克登额礼部尚书。

成格刑部左侍郎。
侍郎。
。裕恩户部左侍郎。

顾德庆
敬徵七月壬午迁。广
周系英七月丙子迁。
舒明阿
史致俨
多福闰月辛丑迁。凯
戴敦元
成格八月丁亥迁。凯
贾允升
耆英七月壬午迁。凯
朱士彦
常英七月乙卯革。壬
辛从益十一月丙辰迁
明志七月癸酉迁。奎
李宗昉十一月丙辰迁
舒英
顾皋
恩铭七月己卯革。壬
姚文田七月丙子迁。
裕恩七月癸酉迁。明
杜堮
奎照七月癸酉迁。百
王引之
常起卒。七月癸酉，
初彭龄二月丁亥乞休
禧恩
韩崶七月丙子免。陈
那清安十二月癸未迁
王宗诚
玉麟
汪廷珍
穆克登额
黄钺
英和
卢荫溥
文孚
道光四年甲申

泰工部右侍郎。
程含章工部左侍郎。十二月戊辰迁。辛从

音布刑部右侍郎。八月丁亥迁。常文署刑

音布刑部左侍郎。

音布兵部右侍郎。闰月辛丑迁。宝兴兵部

午，耆英兵部左侍郎。
。汪守和礼部右侍郎。十二月戊辰迁。刘
照礼部右侍郎。
。辛从益礼部左侍郎。十二月戊辰迁。汪

午，敬征户部右侍郎。
周系英户部左侍郎。十一月丙辰病免。李
志户部左侍郎。

春署吏部右侍郎。

裕恩吏部左侍郎。
。陈若霖工部尚书。七月丙子迁。陆以庄

若霖刑部尚书。
。明山刑部尚书。

顾德庆
广泰迁。三月壬辰，升
益工部左侍郎。 辛从益
舒明阿十月己未迁。奎
史致俨
部右侍郎。 常文四月乙丑迁。升寅
戴敦元
凯音布三月甲寅迁。英
贾允升
右侍郎。 宝兴四月己丑迁。贵庆
朱士彦
耆英四月己丑迁。宝兴
彬士礼部右侍郎。 刘彬士
奎照
守和礼部左侍郎。 汪守和
舒英
顾皋
敬征
宗昉户部左侍郎。 李宗昉
明志
杜堮
百春三月甲寅，补吏部
王引之
裕恩免。三月甲寅，凯
工部尚书。 陆以庄
禧恩
陈若霖
明山八月癸亥开缺。嵩
王宗诚
玉麟
汪廷珍
穆克登额
黄钺
英和
卢荫溥
文孚
道光五年乙酉

寅工部右侍郎。四月乙丑迁。耆英工部右

照兼署。十二月，博启图工部左侍郎。

刑部右侍郎。

瑞刑部左侍郎。

兵部右侍郎。十二月迁。武忠额兵部右侍

兵部左侍郎。九月迁。奕经兵部左侍郎。

右侍郎。十二月迁。贵庆吏部右侍郎。

音布吏部左侍郎。

孚刑部尚书。

	道光六年丙戌
	文孚
	卢荫溥
	英和十二月戊午迁。禧恩户部尚书
	黄钺九月己卯病免。王鼎户部尚书
	穆克登额五月乙未病免。松筠礼部
	汪廷珍
	玉麟
	王宗诚
	嵩孚五月戊戌迁。明山刑部尚书。
	陈若霖
	禧恩十二月戊午迁。穆彰阿工部尚
	陆以庄
	凯音布
	王引之
	贵庆
	杜堮
	明志二月丙辰，博启图户部左侍郎
	李宗昉
	敬徵九月己丑迁。耆英户部右侍郎
	顾皋
	舒英
	汪守和
	奎照九月戊子迁。裕恩礼部右侍郎
	刘彬士正月甲午迁。史致俨礼部右
	奕经
	朱士彦
郎。	武忠额
	贾允升
	英瑞
	戴敦元
	升寅十一月癸巳迁。特登额刑部右
	史致俨正月甲午迁。刘彬士刑部右
	博启图迁。二月丙辰，阿尔邦阿工
	辛从益
侍郎。	耆英九月戊子迁。阿尔邦阿工部右
	顾德庆病免。八月乙亥，李宗昉工

部右侍郎。
侍郎。

部左侍郎。九月戊子迁。奎照工部左侍郎
侍郎。十一月癸卯迁。邱树棠刑部右侍郎
侍郎。

侍郎。
。

。

，寻迁。九月己丑，敬徵户部左侍郎。

书。

尚书。
。
。

道光七年丁亥
文孚
卢荫溥
禧恩
王鼎
松筠
汪廷珍 七月壬子卒。丁巳，姚文田礼部
玉麟
王宗诚
明山
陈若霖
穆彰阿
陆以庄 五月壬午病免。王引之工部尚书
凯音布
王引之 五月壬午迁。潘世恩吏部左侍郎
贵庆
杜堮 十月丙戌迁。辛从益吏部右侍郎。
敬徵
李宗昉 七月丁巳迁。顾皋户部左侍郎。
耆英
顾皋 七月丁巳迁。李宗昉户部右侍郎。
舒英
汪守和
裕恩
史致俨
奕经 五月迁。己丑，奎照兵部左侍郎。
朱士彦 正月迁。庚子，松廷兵部右侍郎
武忠额
贾允升
英瑞
戴敦元
特登额 八月乙酉迁。钟昌刑部右侍郎。
。邱树棠
。奎照 五月己丑迁。奕经工部左侍郎。
辛从益 十月丙戌迁。韩鼎晋工部左侍郎
阿尔邦阿
李宗昉 七月丁巳迁。白镕工部右侍郎。

白	
阿	
韩	。
奕	
邱	
钟	
戴	
英	
贾	
松	。
朱	
奎	
史	
裕	
汪	
舒	
李	
耆	
顾	
敬	
白	十二月病免。白熔吏部右侍郎。
贵	
杜	。十月丙戌迁。杜堮吏部左侍郎。
凯	
王	。
穆	
陈	
明	
王	
玉	
汤	尚书。十月丙戌卒。汤金钊礼部尚书。
松	
王	
禧	
卢	
文	
道	

熔
尔邦阿
鼎晋正月戊申休。甲子，李宗昉工部左侍
经
树棠正月戊申补。
昌
敦元
瑞十二月戊戌病免。海龄刑部左侍郎。
允升
廷
士彦
照九月己酉革。常文兵部左侍郎。
致俨
恩十一月戊戌迁。色克精额礼部右侍郎。
守和
英
宗昉
英
皋
徵
熔
庆十一月戊戌迁。裕恩吏部右侍郎。
堮
音布十一月戊戌迁。贵庆吏部左侍郎。
引之
彰阿
若霖
山
宗诚
麟
金钊
筠
鼎
恩
荫溥
孚
光八年戊子

郎。

白熔

阿尔邦阿

李宗昉

奕经

邱树棠三月戊午迁。祁埙刑部右侍郎

钟昌

戴敦元

海龄

贾允升

松廷九月己酉，博启图兵部右侍郎。

朱士彦

常文迁。九月己酉，保昌兵部左侍郎

史致俨四月丙戌迁。杨怿曾礼部右侍

色克精额

汪守和四月丙戌迁。史致俨礼部左侍

舒英

李宗昉

耆英九月己酉迁。宝兴户部右侍郎。

顾皋四月丙戌病免。汪守和户部左侍

敬徵

白熔

裕恩十一月丁巳迁。保昌吏部右侍郎

杜堮

贵庆

王引之

穆彰阿

陈若霖

明山

王宗诚

玉麟六月甲戌迁。松筠兵部尚书。

汤金钊

松筠六月甲戌迁。博启图礼部尚书。

王鼎

禧恩

卢荫溥

文孚

道光九年己丑

	白
	阿
	李
	奕
。	祁
	钟
	戴
	海
	贾
十一月丁巳迁。桂轮兵部右侍郎。	桂
	朱
。十一月丁巳迁。博启图兵部左侍郎。	博
郎。	杨
	色
郎。	史
	舒
	李
	宝
郎。	汪
	敬
	白
。	保
	杜
	贵
	王
	穆
	陈
	明
	王
	松
	汤
九月己酉革。耆英礼部尚书。	耆
	王
	禧
	卢
	文
	道

熔

尔邦阿

宗昉

经十一月癸未迁。那丹珠工部左侍郎。

顼十一月壬午迁。戴宗沅刑部右侍郎。

昌七月丙子迁。特登额刑部右侍郎。十一

敦元

龄

允升十月壬子迁。张鳞兵部右侍郎。

轮

士彦九月戊寅迁。蒋攸铦兵部左侍郎。十

启图

倖曾七月丙子迁。龚守正礼部右侍郎。十

克精额

致俨七月丙子迁。杨倖曾礼部左侍郎。十

英

宗昉

兴

守和

徵

熔

昌七月丙子迁。钟昌吏部右侍郎。十一月

埒

庆

引之九月戊寅迁。潘世恩工部尚书。

彰阿

若霖

山

宗诚

筠

金钊九月戊寅迁。王引之礼部尚书。

英

鼎

恩

荫溥九月戊寅迁。汤金钊吏部尚书。

孚

光十年庚寅

月癸未迁。钟昌刑部右侍郎。

月壬子卒。贾允升兵部左侍郎。

一月丙寅迁。桂龄礼部右侍郎。

一月丙寅迁。丁卯，龚守正礼部左侍郎。

癸未迁。奕经吏部右侍郎。

白熔五月丙寅迁。何凌汉工部右侍郎。
阿尔邦阿迁。十月辛巳，那丹珠工部右侍
李宗瀚正月戊寅忧免。吴椿工部左侍郎。
那丹珠三月丁卯迁。惠显工部左侍郎。
戴宗沅
钟昌正月壬申迁。贵庆刑部右侍郎。九月
戴敦元
海龄九月乙丑，特登额刑部左侍郎。十二
张鳞正月丙子迁。吴椿兵部右侍郎。戊寅
桂轮三月丁卯迁。那丹珠兵部右侍郎。八
贾允升正月丙子休。张鳞兵部左侍郎。
博启图三月丁卯迁。桂轮兵部左侍郎。八
桂龄十二月迁。戊子，陈用光礼部右侍郎
色克精额
龚守正十二月戊子，桂龄礼部左侍郎。
舒英
李宗昉
宝兴三月丁卯迁。博启图户部右侍郎。八
汪守和
敬徵
白熔迁。五月丙寅，申启贤吏部右侍郎。
奕经十月辛巳迁。桂轮吏部右侍郎。
杜堮
贵庆正月壬申迁。钟昌吏部左侍郎。三月
潘世恩五月丙寅迁。朱士彦工部尚书。
穆彰阿八月乙未迁。富俊工部尚书。十二
陈若霖
明山
王宗诚
松筠八月乙未病免。穆彰阿兵部尚书。十
王引之
耆英
王鼎
禧恩
汤金钊五月丙寅降。潘世恩吏部尚书。
文孚
道光十一年辛卯

郎。

乙丑迁。凯音布刑部右侍郎。十二月乙巳

月乙巳迁。凯音布刑部左侍郎。

迁。何凌汉署兵部右侍郎。五月丙寅，汤

月乙未迁。铁麟兵部右侍郎。

。月乙未迁。那丹珠兵部左侍郎。十月辛巳

月乙未迁。桂轮户部右侍郎。十月辛巳迁

丁卯迁。宝兴吏部左侍郎。九月乙丑，贵

月乙酉迁。穆彰阿工部尚书。

二月乙酉迁。那清安兵部尚书。

迁。恩铭刑部右侍郎。

金钊兵部右侍郎。

迁。裕诚兵部左侍郎。

。阿尔邦阿户部右侍郎。

庆吏部左侍郎。十月辛巳迁。奕经吏部左

	何凌汉
	那丹珠二月己丑迁。裕诚工部右侍
	吴椿
	惠显正月甲戌，裕诚工部左侍郎。
	戴宗沅
	恩铭九月甲寅迁。奎照刑部右侍郎
	戴敦元正月丁卯迁。二月己丑，史
	凯音布正月甲戌迁。鄂顺安刑部左
	汤金钊正月甲戌迁。王楚堂兵部右
	铁麟九月丁卯迁。奕纪兵部右侍郎
	张鳞
	裕诚正月甲戌迁。凯音布兵部左侍
	陈用光
	色克精额迁。十二月壬戌，文庆礼
	桂龄
	舒英十月病免。色克精额礼部左侍
	李宗昉
	阿尔邦阿
	汪守和正月癸酉迁。甲戌，申启贤
	敬徵
	申启贤正月甲戌迁。汤金钊吏部右
	桂轮
	杜堮
侍郎。	奕经
	朱士彦
	穆彰阿
	陈若霖正月丁卯休。戴敦元署刑部
	明山
	王宗诚
	那清安
	王引之正月癸酉忧。汪守和礼部尚
	耆英
	王鼎
	禧恩
	潘世恩
	文孚
	道光十二年壬辰

郎。

二月己丑迁。常文工部左侍郎。九月丁未

。丁卯迁。鄂顺安刑部右侍郎。

致俨刑部左侍郎。正月戊辰，刘彬士署。

侍郎。九月丁卯迁。凯音布刑部左侍郎。

侍郎。

。

郎。九月丁卯迁。铁麟兵部左侍郎。

部右侍郎。

郎。

户部左侍郎。

侍郎。

尚书。二月己丑补。

书。

卒。奎照工部左侍郎。甲寅迁。恩铭代。

何凌汉正月丁丑迁。姚元之工部右侍郎。
裕诚
吴椿
恩铭四月戊申迁。松筠工部左侍郎。
戴宗沅卒。三月戊戌，姚元之刑部右侍郎。
鄂顺安三月戊戌迁。裕泰刑部右侍郎。十
史致俨十月辛酉迁。姚元之刑部左侍郎。
凯音布
王楚堂六月庚子迁。龚守正兵部右侍郎。
奕纪
张鳞四月己酉迁。朱为弼兵部左侍郎。六
铁麟
陈用光迁。七月丙子，陈嵩庆礼部右侍郎。
文庆
桂龄迁。七月丙子，陈用光礼部左侍郎。
色克精额
李宗昉四月己酉迁。张鳞户部右侍郎。
阿尔邦阿
申启贤正月丁丑，汤金钊户部左侍郎。四
敬徵
汤金钊正月丁丑迁。何凌汉吏部右侍郎。
桂轮
杜堮
奕经
朱士彦四月己酉迁。白镕工部尚书。
穆彰阿五月丁酉迁。博启图工部尚书。
戴敦元
明山
王宗诚
那清安
汪守和
耆英
王鼎
禧恩五月丁酉迁。穆彰阿户部尚书。
潘世恩四月己酉迁。朱士彦吏部尚书。
文孚
道光十三年癸巳

三月戊戌迁。廖鸿荃工部右侍郎。

。十月辛酉迁。赵盛奎刑部右侍郎。

一月丙戌迁。恩特亨额刑部右侍郎。

月庚子迁。王楚堂兵部左侍郎。

。

月己酉迁。何凌汉户部左侍郎。七月迁。

四月己酉迁。李宗昉吏部右侍郎。七月丙

	廖鸿荃二月辛酉
	裕诚正月丁亥迁
	吴椿二月辛酉迁
	松筠正月丁亥休
	赵盛奎
	恩特亨额五月壬
	姚元之十一月丁
	凯音布五月壬申
	龚守正十一月壬
	奕纪六月壬戌迁
	王楚堂十一月壬
	铁麟六月壬戌迁
	陈嵩庆
	文庆迁。十二月
	陈用光
	色克精额
	张鳞二月辛酉迁
	阿尔邦阿
丙子，桂龄户部右侍郎。	桂龄二月辛酉迁
子，何凌汉吏部右侍郎。	敬徵七月丙子迁
	何凌汉迁。二月
	桂轮迁。七月丙
	杜堮
	奕经七月丙子迁
	白镕二月辛酉差
	博启图七月丙子
	戴敦元十一月丙
	明山二月庚午病
	王宗诚十一月癸
	那清安十一月
	汪守和二月辛酉
	耆英七月丙子迁
	王鼎
	穆彰阿十一月丙
	朱士彦假。二月
	文孚十一月丙戌
	道光十四年甲午

迁。程恩泽工部右侍郎。
。赛尚阿工部右侍郎。
。廖鸿荃工部左侍郎。十一月丁亥病免。
。裕诚工部左侍郎。

申迁。祥康刑部右侍郎。
亥迁。刘彬士刑部左侍郎。
迁。恩特亨额刑部左侍郎。
申迁。史谱兵部右侍郎。
。嵩溥兵部右侍郎。七月丙子迁。宝善兵
申迁。龚守正兵部左侍郎。丁亥迁。沈岐
。奕纪兵部左侍郎。七月丙子迁。嵩溥兵

甲辰，联顺礼部右侍郎。

。吴椿户部右侍郎。十一月丁亥迁。姚元

。张鳞户部左侍郎。十一月丁亥迁。龚守
。奕经户部左侍郎。十二月甲辰迁。奕纪
辛酉，桂龄吏部右侍郎。十一月癸亥降。
子，奕纪吏部右侍郎。十二月甲辰迁。文

。桂轮吏部左侍郎。
。汪守和工部尚书。十一月甲子迁。史致
卒。耆英工部尚书。十一月丙戌迁。敬徵
酉，史致俨刑部尚书。
免。成格刑部尚书。

亥卒。丙戌，奕颢兵部尚书。
迁。史致俨礼部尚书。十一月甲子迁。汪
。升寅礼部尚书。十一月壬申卒。奕颢礼

戌迁。耆英户部尚书。
辛酉，汤金钊吏部尚书。
迁。穆彰阿吏部尚书。

沈维鉥工部左侍郎。

部右侍郎。十二月丙辰迁。廉敬兵部右侍

兵部左侍郎。

部左侍郎。八月癸丑迁。联顺兵部左侍郎

之户部右侍郎。

正户部左侍郎。

户部左侍郎。

刘彬士吏部右侍郎。丁亥迁。张鳞吏部右

庆吏部右侍郎。

俨工部尚书。癸酉迁。王引之工部尚书。

工部尚书。

守和礼部尚书。

部尚书。丙戌迁。戴铨礼部尚书。

程恩泽
赛尚阿
沈维𫓶
裕诚
赵盛奎
祥康二
刘彬士
恩特亨
史谱
郎。 廉敬一
沈岐十
。十二月甲寅迁。丙辰宝善补。 宝善
陈嵩庆
联顺
陈用光
色克精
姚元之
阿尔邦
龚守正
奕纪
侍郎。 张鳞四
文庆十
杜堮七
桂轮
丙戌卒。丁亥，何凌汉工部尚书。 何凌汉
敬徵闰
史致俨
成格
王宗诚
奕颢
汪守和
载铨闰
王鼎
耆英
汤金钊
穆彰阿
道光十

四月壬寅迁。吴杰工部右侍郎。

八月癸亥迁。姚元之刑部右侍郎。
月己未迁。廉敬刑部右侍郎。九月迁。丁

额九月丙午迁。丁未，廉敬刑部左侍郎。

月己未迁。恩桂兵部右侍郎。十二月丙子
月庚辰，廖鸿荃兵部左侍郎。

九月乙卯迁。卓秉恬礼部右侍郎。

七月甲寅病免。杜堮礼部左侍郎。
额
四月壬寅迁。程恩泽户部右侍郎。
阿十月丙子病免。文庆户部右侍郎。
四月壬寅迁。姚元之户部左侍郎。八月迁

月壬寅，龚守正吏部右侍郎。
二月丙子迁。恩桂吏部右侍郎。
月甲寅迁。申启贤吏部左侍郎。九月乙卯

月免。载铨工部尚书。

月迁。恩铭礼部尚书。

五年乙未

未，特登额刑部右侍郎。乙卯迁。贵庆刑

迁。溥治兵部右侍郎。

。癸亥，赵盛奎户部左侍郎。

迁。陈嵩庆吏部左侍郎。

	吴杰五月乙巳，廖鸿荃工部右
	赛尚阿十一月庚子迁。奎照工
	沈维𫓶
	裕诚
	姚元之
部右侍郎。	贵庆五月己亥迁。明训刑部右
	刘彬士
	廉敬五月己亥迁。贵庆刑部左
	史谱五月乙巳迁。祁寯藻兵部
	溥治十二月壬戌迁。耆英兵部
	廖鸿荃五月乙巳迁。史谱兵部
	宝善十二月壬戌，溥治兵部左
	卓秉恬三月壬辰迁。陈官俊礼
	联顺
	杜堮三月壬辰病免。卓秉恬礼
	色克精额
	程恩泽
	文庆十一月庚子迁。赛尚阿户
	赵盛奎七月壬寅降迁。龚守正户
	奕纪十一月庚子迁。文庆户部
	龚守正五月戊戌迁。卓秉恬吏
	恩桂
	陈嵩庆二月壬午病免。李宗昉
	桂轮
	何凌汉
	敬徵
	史致俨
	成格
	王宗诚
	奕颢七月庚子迁。禧恩兵部尚
	汪守和五月戊戌卒。吴椿礼部
	恩铭七月革。壬寅，贵庆礼部
	王鼎
	耆英七月庚子迁。奕颢户部尚
	汤金钊
	穆彰阿七月庚子迁。耆英吏部
	道光十六年丙申

侍郎。

部右侍郎。

侍郎。九月丙午降。隆文刑部右侍郎。

侍郎。七月壬寅迁。恩铭刑部左侍郎。

右侍郎。八月庚寅迁。潘锡恩兵部右侍郎

右侍郎。

左侍郎。八月庚寅病免。祁俊藻兵部左侍

侍郎。

部右侍郎。五月戊戌迁。史评礼部右侍郎

部左侍郎。五月戊戌迁。陈官俊礼部左侍

部右侍郎。

部左侍郎。

左侍郎。

部右侍郎。七月壬寅迁。陈官俊吏部右侍

吏部左侍郎。五月戊戌迁。龚守正吏部左

书。

尚书。

尚书。

书。

尚书。九月戊申，奕经吏部尚书。

。

郎。

。七月壬寅迁。王植礼部右侍郎。

郎。七月壬寅迁。史评礼部左侍郎。

郎。

侍郎。七月壬寅迁。卓秉恬吏部左侍郎。

道光十七年丁酉	
奕经	
汤金钊	
奕颢	
王鼎	
贵庆	五月戊寅病免。奕纪礼部尚书。
吴椿	
禧恩	
王宗诚	正月卒。壬辰，朱士彦兵部尚书。
成格	
史致俨	
敬徵	
何凌汉	
桂轮	
卓秉恬	十二月己巳迁。陈官俊吏部左侍郎
恩桂	四月癸亥迁。隆文吏部右侍郎。
陈官俊	十二月己巳迁。龚守正吏部右侍郎
文庆	
龚守正	十二月己巳迁。祁寯藻户部左侍郎
赛尚阿	七月壬午迁。裕诚户部右侍郎。
程恩泽	八月丁未卒。祁寯藻户部右侍郎。
色克精额	
史评	十月乙卯，王植礼部左侍郎。
联顺	五月戊寅迁。王植礼部右侍郎。八月
王植	十月乙卯迁。吴文熔礼部右侍郎。
溥治	
祁寯藻	八月丁未迁。吴其浚兵部左侍郎。十
耆英	三月甲午迁。倭什讷兵部右侍郎。十
潘锡恩	
恩铭	
刘彬士	
隆文	四月癸亥迁。惠吉刑部右侍郎。
姚元之	
裕诚	七月壬午迁。联顺工部左侍郎。
沈维鉌	
奎照	五月戊寅迁。联顺工部右侍郎。七月
廖鸿荃	

廖鸿	
恩桂	壬午迁。恩桂工部右侍郎。
沈维	
联顺	
姚元	
惠吉	
刘彬	
恩铭	
潘锡	
侯什	二月革。功普兵部右侍郎。
朱嶟	十二月己巳迁。朱嶟兵部左侍郎。
溥治	
吴文	
连贵	甲寅革。连贵礼部右侍郎。
王植	
色克	
吴其	十二月己巳迁。吴其浚户部右侍郎。
裕诚	
祁俊	。
文庆	
龚守	。
隆文	
陈官	。
桂轮	
何凌	
敬俨	
史致	
成格	
朱士	
禧恩	
吴椿	
奕纪	
王鼎	
奕颖	
汤金	
奕经	
道光	

荃六月丙戌迁。李振祜工部右侍郎。

十月壬子迁。松峻工部右侍郎。

铧六月丙戌病免。廖鸿荃工部左侍郎。十

十一月乙丑迁。文蔚工部左侍郎。

之闰月戊戌迁。吴文熔刑部右侍郎。五月

闰月庚寅迁。麟魁刑部右侍郎。八月己丑

土病免。闰月庚寅，姚元之刑部左侍郎。

八月己丑迁。麟魁刑部左侍郎。

恩

讷革。十一月甲子，德兴兵部右侍郎。

熔闰月戊戌迁。沈岐礼部右侍郎。

精额

浚

十月壬子迁。隆文户部右侍郎。十一月乙

谦

正十二月乙未迁。廖鸿荃吏部右侍郎。

十月壬子迁。恩桂吏部右侍郎。

俊

汉

俨二月乙巳病免。祁埙刑部尚书。

闰月己丑迁。鄂山刑部尚书。七月戊申卒

彦五月癸丑迁。卓秉恬兵部尚书。

闰月己丑革。成格兵部尚书。庚寅迁。奕

九月乙丑迁。龚守正署。

闰月庚寅迁。成格礼部尚书。八月己丑免

五月癸丑迁。汤金钊户部尚书。九月乙丑

闰月庚寅迁。奕纪户部尚书。

钊五月癸丑迁。朱士彦吏部尚书。九月乙

十八年戊戌

二月乙未迁。杜受田工部左侍郎。

癸丑迁。许乃普刑部右侍郎。

迁。善焘刑部右侍郎。

五月癸丑迁。吴文熔刑部左侍郎。

丑迁。联顺户部右侍郎。

。宝兴刑部尚书。十月壬子迁。恩铭刑部

颢兵部尚书。十一月乙丑革。裕诚兵部尚

。奎照礼部尚书。

迁。吴椿户部尚书。

丑卒。汤金钊吏部尚书。

	李振祜三月辛丑迁。徐士芬工部右
	松峻
	杜受田
	文蔚
	许乃普三月辛丑迁。赵盛奎刑部右
	善焘二月庚午迁。阿勒清阿刑部右
	吴文熔四月辛未迁。王植刑部左侍
	麟魁
	潘锡恩
	德兴三月丙辰迁。德春兵部右侍郎
	朱嶟
	溥治降。五月乙巳，倭什讷兵部左
	沈岐四月辛未迁。王玮庆礼部右侍
	连贵五月乙巳降。关圣保礼部右侍
	王植四月辛未迁。沈岐礼部左侍郎
	色克精额
	吴其浚九月戊申迁。王玮庆户部右
	联顺二月庚午降。善焘户部右侍郎
	祁俊藻九月戊申迁。吴其浚户部左
	文庆
	廖鸿荃三月辛丑迁。李振祜吏部右
	恩桂
	陈官俊三月辛丑迁。许乃普吏部左
	桂轮
	何凌汉三月辛丑迁。陈官俊工部尚
	敬徵
	祁埙
尚书。	恩铭三月乙卯迁。隆文刑部尚书。
	卓秉恬
书。	裕诚
	龚守正三月辛丑补。
	奎照
	吴椿三月辛丑病免。何凌汉户部尚
	奕纪
	汤金钊
	奕经
	道光十九年己亥

侍郎。

侍郎。七月壬戌病免。王玮庆署。十二月
侍郎。
郎。

。

侍郎。
郎。九月戊申迁。黄爵滋礼部右侍郎。十
郎。
。十二月戊子迁。毛式郇礼部左侍郎。

侍郎。
。
侍郎。

侍郎。九月戊申迁。祁俊藻吏部右侍郎。
侍郎。
书。十二月戊子解任。廖鸿荃工部尚书。

书。

乙亥，黄爵滋刑部右侍郎。

二月乙亥迁。毛式郇礼部右侍郎。戊子迁

十二月戊子迁。沈岐吏部右侍郎。

	徐士芬
	松峻十二月丙申，阿
	杜受田
	文蔚十二月甲戌迁。
	黄爵滋十一月丙辰迁
	阿勒清阿正月戊戌迁
	王植十一月丙辰迁。
	麟魁十二月己巳迁。
	潘锡恩二月丁卯迁。
	德春三月癸未，端华
	朱嶟
	倭什讷
。冯芝礼部右侍郎。	冯芝
	关圣保迁。六月丁卯
	毛式郇
	色克精额六月迁。丁
	王玮庆
	善焘十二月己巳迁。
	吴其浚十一月丙辰迁
	文庆十二月革。甲戌
	沈岐二月丁卯迁。潘
	恩桂十二月戊辰迁。
	许乃普十一月丙辰迁
	桂轮
	廖鸿荃
	敬徵
	祁埙
	隆文二月癸亥迁。阿
	卓秉恬二月丁卯迁。
	裕诚
	龚守正
	奎照
	何凌汉二月丁卯卒。
	奕纪正月革。隆文户
	汤金钊
	奕经
	道光二十年庚子

灵阿工部右侍郎。

特登额工部左侍郎。
。周之琦刑部右侍郎。
。德诚刑部右侍郎。
黄爵滋刑部左侍郎。
柏葰刑部左侍郎。
己巳，魏元烺兵部右侍郎。
兵部右侍郎。

。萨迎阿礼部右侍郎。
卯，关圣保礼部左侍郎。

麟魁户部右侍郎。
。许乃普户部左侍郎。
，文蔚户部左侍郎。
锡恩吏部右侍郎。十一月丙辰迁。王植吏
己巳，善焘吏部右侍郎。
。潘锡恩吏部左侍郎。

勒精阿刑部尚书。
祁俊藻兵部尚书。

卓秉恬户部尚书。
部尚书。

徐士芬三月丙午迁。贾桢工部

阿灵阿

杜受田三月丙午迁。徐士芬工

特登额

周之琦闰月丁卯迁。王植刑部

德诚

黄爵滋

柏葰

魏元烺

端华八月癸未迁。慧成兵部右

朱嶟

倭什讷

冯芝闰月丁卯迁。毛树棠礼部

萨迎阿

毛式郇闰月丁卯迁。冯芝礼部

关圣保

王玮庆

麟魁八月癸未迁。端华户部右

许乃普闰月丙午迁。杜受田户

文蔚

部右侍郎。

王植闰月丁卯迁。毛式郇吏部

善焘

潘锡恩

桂轮八月癸未迁。麟魁吏部左

廖鸿荃

敬徵五月己卯迁。赛尚阿工部

祁埙二月辛酉迁。李振祜署刑部

阿勒精阿

祁俊藻闰月丙寅迁。许乃普兵

裕诚

龚守正

奎照四月甲辰病免。色克精额

卓秉恬闰月丙寅迁。祁俊藻户

隆文五月己卯卒。敬徵户部尚

汤金钊闰月丙寅降。卓秉恬吏

奕经

道光二十一年辛丑

右侍郎。

部左侍郎。

右侍郎。

侍郎。

右侍郎。七月壬戌迁。王炳瀛礼部右侍郎

左侍郎。

侍郎。
部左侍郎。

右侍郎。

侍郎。

尚书。
部尚书。七月壬戌补。

部尚书。

礼部尚书。
部尚书。
书。
部尚书。

贾桢	
阿灵阿	
徐士芬	
特登额	
王植	五月己未迁。魏元烺刑部右侍郎。
德诚	正月丁丑迁。成刚刑部右侍郎。
黄爵滋	忧免。五月己未，王植刑部左侍
柏葰	
魏元烺	五月己未迁。何汝霖兵部右侍郎。
慧成	十一月辛亥迁。惟勤兵部右侍郎。
朱嶟	
倭什讷	降。十二月癸巳，道庆兵部左侍
。	
王炳瀛	
萨迎阿	十月丙申迁。连贵礼部右侍郎。
冯芝	
关圣保	
王玮庆	卒。正月丙寅，陈官俊户部右侍
端华	十月丙午迁。萨迎阿户部右侍郎。
杜受田	
文蔚	十月甲午革。丙申，端华户部左侍
毛式郇	
善焘	
潘锡恩	十一月庚戌迁。陈官俊吏部左侍
麟魁	
廖鸿荃	
赛尚阿	
李振祜	
阿勒精阿	
许乃普	
裕诚	
龚守正	
色克精额	五月己未卒。恩桂礼部尚书。
祁俊藻	
敬徵	
卓秉恬	
奕经	十月甲午革。恩桂吏部尚书。
道光二十二年壬寅	

郎。

郎。十一月庚戌迁。祝庆蕃兵部右侍郎。

郎。

郎。十一月庚戌迁。何汝霖户部右侍郎。

郎。

郎。

十月甲午迁。麟魁署礼部尚书。

道光二十三年癸卯
恩桂
卓秉恬
敬徵
祁寯藻
麟魁四月丙子补。
龚守正十二月丁巳病免。陈官俊礼部尚书
裕诚
许乃普
阿勒精阿
李振祜
赛尚阿
廖鸿荃
麟魁四月丙子迁。善焘吏部左侍郎。丁丑
陈官俊十二月丁巳迁。祝庆蕃吏部左侍郎。丁丑
善焘四月丙子迁。柏葰吏部右侍郎。丁丑
毛式郇十二月己酉迁。祝庆蕃吏部右侍郎
端华
杜受田
萨迎阿四月丁丑迁。善焘户部右侍郎。闰
何汝霖
关圣保闰月辛未迁。连贵礼部左侍郎。
冯芝
连贵闰月辛未迁。赓福礼部右侍郎。丁亥
王炳瀛三月辛未病免。杨殿邦礼部右侍郎
道庆
朱嶟
惟勤四月甲戌迁。舒兴阿兵部右侍郎。
祝庆蕃十二月己酉迁。侯桐兵部右侍郎。
柏葰四月丙子迁。特登额刑部左侍郎。丁
王植十一月辛巳迁。十二月己酉，魏元烺
成刚四月丁丑迁。惠丰刑部右侍郎。闰月
魏元烺十二月己酉迁。张澧中署。
特登额四月丙子迁。闰月辛未，关圣保工
徐士芬
阿灵阿
贾桢

部左侍郎。

刑迁。康福刑部右侍郎。

丑刑部左侍郎。

迁。成刚刑部左侍郎。闰月丁亥迁。惠

。六月己卯迁。季芝昌礼部右侍郎。十二

迁。博迪苏礼部右侍郎。

月丁亥迁。柏葰户部右侍郎。

。丁巳迁。季芝昌吏部右侍郎。

迁。文庆吏部右侍郎。闰月丁亥迁。成刚

迁。柏葰吏部左侍郎。闰月丁亥迁。文庆

。

	贾桢十二
	阿灵阿十
	徐士芬
	关圣保七
	张澧中十
	赓福二月
	魏元烺
丰刑部左侍郎。	惠丰二月
	侯桐二月
	舒兴阿七
	朱嵘
	道庆
月丁巳迁。周祖培礼部右侍郎。	周祖培三
	博迪苏十
	冯芝三月
	连贵
	何汝霖十
	柏葰二月
	杜受田二
	端华
	季芝昌二
吏部右侍郎。	成刚二月
	祝庆蕃二
吏部左侍郎。	文庆二月
	廖鸿荃二
	赛尚阿
	李振祜
	阿勒精阿
	许乃普
	裕诚
	陈官俊二
	麟魁二月
	祁寯藻
	敬徵
	卓秉恬十
	恩桂
	道光二十

月戊申迁。周祖培工部右侍郎。
月癸亥迁。花沙纳工部右侍郎。

月辛卯迁。舒兴阿工部左侍郎。十月癸亥
月甲午补。
辛亥迁。斌良刑部右侍郎。

迁。赓福刑部左侍郎。
壬子迁。孙瑞珍兵部右侍郎。
月辛卯迁。关圣保兵部右侍郎。八月癸丑

月癸巳迁。吴钟骏礼部右侍郎。
月癸亥迁。倭什讷礼部右侍郎。
癸巳病免。周祖培礼部左侍郎。十二月戊

二月戊申迁。贾桢户部右侍郎。
辛亥迁。成刚户部右侍郎。
月庚戌迁。壬子，祝庆蕃户部左侍郎。十

月壬子迁。侯桐吏部右侍郎。
辛亥迁。惠丰吏部右侍郎。
月壬子迁。季芝昌吏部左侍郎。
庚戌迁。辛亥，柏葰吏部左侍郎。
月庚戌革。陈官俊工部尚书。十二月戊申

月庚戌迁。李宗昉礼部尚书。
庚戌革。特登额礼部尚书。

二月戊申迁。陈官俊吏部尚书。

四年甲辰

迁。阿灵阿工部左侍郎。

病免。倭什讷兵部右侍郎。十月癸亥迁。

申迁。冯芝礼部左侍郎。

二月戊申迁。何汝霖户部左侍郎。

迁。杜受田工部尚书。

	周祖培十月壬寅迁。张
	花沙纳二月癸丑迁。福
	徐士芬四月迁。十二月
	阿灵阿
	张澧中
	斌良
	魏元烺十月辛丑迁。王
	赓福
	孙瑞珍四月迁。赵光兵
福济兵部右侍郎。	福济二月癸丑迁。瑞常
	朱嶟四月降。孙瑞珍兵
	道庆四月降。德厚兵部
	吴钟骏
	倭什讷
	冯芝
	连贵
	贾桢四月迁。徐士芬户
	成刚二月癸丑迁。花沙
	何汝霖四月丙辰迁。贾
	端华
	侯桐
	惠丰
	季芝昌
	柏葰
	杜受田
	赛尚阿二月癸丑迁。裕
	李振祜
	阿勒精阿
	许乃普四月丙辰革。何
	裕诚二月癸丑迁。文庆
	李宗昉十月辛丑病免。
	特登额八月辛丑迁。保
	祁寯藻
	敬徵二月癸丑革。赛尚
	陈官俊
	恩桂
	道光二十五年乙巳

苛工部右侍郎。
济工部右侍郎。
丁西，罗文俊工部左侍郎。十二月丁酉病

寅，周祖培刑部左侍郎。

部右侍郎。
兵部右侍郎。
部左侍郎。
左侍郎。

部右侍郎。
纳户部右侍郎。
桢户部左侍郎。

诚工部尚书。四月丙辰革。敬徵工部尚书

汝霖兵部尚书。
兵部尚书。
祝庆蕃礼部尚书。
昌礼部尚书。

阿户部尚书。

张芾	
福济	
王广	免。王广荫工部左侍郎。
阿灵	
张澧	
斌良	
周祖	
赓福	
赵光	
瑞常	
孙瑞	
德厚	
吴钟	
倭什	
冯芝	
连贵	
徐士	
花沙	
贾桢	
端华	
侯桐	
惠丰	
季芝	
柏葰	
杜受	
特登	。八月辛丑病免。特登额工部尚书。
李振	
阿勤	
同汝	
文庆	
祝庆	
保昌	
祁俊	
寯尚	
陈官	
恩桂	
道光	

	张芾
闰月戊戌迁。明训工部右侍郎。	明训
萨	王广
阿	阿灵
中	张澧
迁。十二月辛未，全庆刑部右侍郎。	全庆
培	周祖
	赓福
	赵光
	瑞常
珍	孙瑞
	德厚
骏	吴钟
讷	倭什
	冯芝
	连贵
芬十二月免。己未李煌户部右侍郎。	李煌
纳	花沙
	贾桢
闰月戊戌，柏葰户部左侍郎。	柏葰
	侯桐
闰月戊戌迁。福济吏部右侍郎。	福济
昌	季芝
闰月戊戌迁。惠丰吏部左侍郎。	惠丰
田	杜受
额	特登
祜	李振
精阿	阿勒
霖	何汝
	文庆
蕃	祝庆
	保昌
藻	祁俊
阿	赛尚
俊	陈官
	恩桂
二十六年丙午	道光

蔼

阿

中十一月壬辰迁。陈孚恩刑部右侍郎。

培

十二月辛酉迁。麟魁刑部左侍郎。

三月乙巳迁。朱凤标兵部右侍郎。五月丁

珍迁。三月己巳，赵光兵部左侍郎。

骏

讷迁。八月甲子，麟魁礼部右侍郎。十二

五月丁亥迁。朱凤标户部右侍郎。

纳

三月乙巳，孙瑞珍户部左侍郎。五月丙戌

昌

田

额

桂

精阿

霖五月丙戌忧。魏元烺兵部尚书。

藩三月乙巳革。魏元烺礼部尚书。五月丙

谦

阿

俊

二十七年丁未

张芾八月丙
明训十二月
王广萨
阿灵阿二月
陈孚恩
全庆十二月
周祖培
麟魁二月壬
黄琮二月己亥迁。黄琮兵部右侍郎。
瑞常
赵光二月己
德厚
吴钟骏
广林月迁。广林礼部右侍郎。
冯芝
连贵正月庚
朱凤标
阿灵阿十二
李煌卒。二迁。丁亥，李煌户部左侍郎。
柏葰十二月
侯桐八月丙
福济十二月
季芝昌八月
惠丰二月迁
杜受田
特登额
李振祜
阿勒精阿
魏元烺
文庆二月壬
贾桢戌，贾桢礼部尚书。
保昌二月壬
祁俊藻
赛尚阿
陈官俊
恩桂二月壬
道光二十八

寅迁。彭蕴章工部右侍郎。

丙寅迁。灵桂工部右侍郎。

迁。恩华工部左侍郎。

乙丑迁。恒春刑部右侍郎。

子迁。宝清署刑部左侍郎。八月癸卯补。

酉迁。何桂清兵部右侍郎。八月丙寅，孙

酉迁。黄琮兵部左侍郎。九月辛巳乞养。

寅卒。联顺礼部左侍郎。

月丙寅迁。福济户部右侍郎。

月己酉，赵光户部左侍郎。

乙丑迁。丙寅阿灵阿户部左侍郎。

寅迁。张芾吏部右侍郎。

丙寅迁。明训吏部右侍郎。

丙寅迁。侯桐吏部左侍郎。

。花沙纳吏部左侍郎。

子迁。保昌兵部尚书。

子迁。麟魁礼部尚书。十二月乙丑革。成

子卒。文庆吏部尚书。

年戊申

十二月乙丑革。全庆刑部左侍郎。

葆元兵部右侍郎、。九月辛巳迁。戴熙兵部

孙葆元兵部左侍郎。

刚礼部尚书。

	道光二十九年己酉
	文庆
	陈官俊七月戊戌卒。贾桢吏部尚
	赛尚阿
	祁寯藻
	成刚六月己丑卒。惠丰礼部尚书
	贾桢七月戊戌迁。孙瑞珍礼部尚
	保昌
	魏元烺。
	阿勤精阿
	李振祜十二月乙酉病免。陈孚恩
	特登额
	杜受田
	花沙纳
	侯桐
	明训
	张芾
	阿灵阿
	赵光十二月丙寅迁。季芝昌户部
	福济
	朱凤标
	联顺
	冯芝正月丙戌休。吴钟骏礼部左
	广林
	吴钟骏正月丙戌迁。曾国藩礼部
	德厚正月休。辛卯，瑞常兵部左
	孙葆元
	瑞常正月辛丑迁。道庆兵部右侍
右侍郎。	戴熙七月己未病免。黄赞汤兵部
	全庆
	周祖培
	恒春
	陈孚恩七月戊戌迁。赵炳言刑部
	恩华
	王广荫七月戊戌迁。陈孚恩工部
	灵桂
	彭蕴章

左侍郎。十二月乙酉迁。翁心存工部左侍

右侍郎。十二月辛。丙寅，黄赞汤刑部右

右侍郎。十二月丙寅迁。赵光兵部右侍郎

郎。九月乙巳，庆祺兵部右侍郎。

侍郎。

右侍郎。

侍郎。

左侍郎。

刑部尚书。

书。

。

书。

	彭蕴章
	灵桂四月丙戌迁。奕毓工部右侍郎
郎。	翁心存六月甲子迁。曾国藩兼署。
	恩华迁。三月甲午，广林工部左侍
侍郎。	黄赞汤
	恒春
	周祖培
	全庆
。	赵光
	庆祺四月乙酉迁。春佑兵部右侍郎
	孙葆元
	瑞常三月甲午迁。恩华兵部左侍郎
	曾国藩
	广林三月迁。甲午，瑞麟礼部右侍
	吴钟骏
	联顺
	朱凤标六月甲子迁。翁心存户部右
	福济革。七月丁酉，书元户部右侍
	季芝昌六月甲子迁。朱凤标户部左
	阿灵阿
	张芾
	明训
	侯桐
	花沙纳三月甲午迁。瑞常吏部左侍
	杜受田五月庚戌迁。孙瑞珍工部尚
	特登额
	陈孚恩五月庚戌乞养。杜受田刑部
	阿勒精阿
	魏元烺
	保昌三月癸巳卒。柏葰兵部尚书。
	孙瑞珍五月庚戌迁。何汝霖礼部尚
	惠丰
	祁寯藻六月壬戌迁。孙瑞珍户部尚
	赛尚阿
	贾桢
	文庆七月丙申革。柏葰吏部尚书。
	道光三十年庚戌

。

八月癸未，车克慎工部左侍郎。

郎。四月丙戌迁。灵桂工部左侍郎。

。

。

郎。

侍郎。

郎。

侍郎。

郎。

书。六月壬戌迁。王广萨工部尚书。

尚书。

七月丙申迁。裕诚兵部尚书。

书。

书。

清史稿卷一八九

表第三〇

部院大臣年表六下

道光元年辛巳
理藩院尚书
理藩院左侍郎
理藩院右侍郎
都察院满左都御史
都察院汉左都御史
都察院满左副都御史
都察院满左副都御史
都察院汉左副都御史
都察院汉左副都御史

道光二年壬午
理藩院尚书
理藩院左侍郎
理藩院右侍郎
都察院满左都御史
都察院汉左都御史
都察院满左副都御史
都察院满左副都御史
都察院汉左副都御史
都察院汉左副都御史

道光三年癸未
理藩院尚书
理藩院左侍郎
理藩院右侍郎
都察院满左都御史
都察院汉左都御史
都察院满左副都御史
都察院满左副都御史
都察院汉左副都御史
都察院汉左副都御史

史	贾允升十二月迁。
史	韩鼎晋
史	多福九月壬辰迁。十月壬戌，那丹珠左
史	凯音布
	王鼎正月乙未，史致光左都御史。七月
	松筠九月壬辰迁。穆彰阿左都御史。
	耆英四月丙午迁。明志理藩院右侍郎。
	海龄
	富俊

史	贾允升
史	韩鼎晋
史	齐森布五月丁亥迁。丁酉，多福左副都
史	凯音布
	顾德庆降。正月己巳，王鼎左都御史。
	那清安六月戊辰迁。玉麟左都御史十一
	明志正月己巳迁。色克精额理藩院右侍
	博启图迁。六月戊辰，海龄理藩院左侍
	穆克登布闰月乙酉免。禧恩理藩院尚书

史	贾允升
史	韩鼎晋
史	同麟六月己丑迁。戊戌，齐布森左副都
史	凯音布
	顾德庆
	文孚正月己丑迁。那清安署左都御史。
	常英五月庚午迁。裕恩理藩院右侍郎。
	博启图
	晋昌七月庚戌迁。穆克登布理藩院尚书

副都御史。

戊辰病免。陆以庄左都御史。

十二月丁巳迁。色克精额理藩院右侍郎。

御史。

月乙酉迁。庆保左都御史。十二月癸丑迁。

郎。十一月辛巳降。舒英理藩院右侍郎。

郎。

。六月戊辰迁。富俊理藩院尚书。

御史。

四月庚寅补。

十月丙戌迁。明志理藩院右侍郎。

。

	陆言
	韩鼎晋六月迁。
	多山
	惠端三月己酉，
	姚文田
	松筠五月乙未迁
	那丹珠
	色克精额
	穆彰阿十二月戊
	道光六年丙戌
	陆言二月甲戌，
	韩鼎晋
	德奎七月戊子，
	常文二月甲戌，
	姚文田
。松筠左都御史。	松筠
十二月丙辰迁。耆英补。	那丹珠
	色克精额
	穆彰阿六月甲戌
	道光五年乙酉
	刘彬士正月辛卯
	韩鼎晋
	那丹珠七月壬午
	凯音布二月庚辰
	陆以庄七月丙子
	穆彰阿二月丁酉
	色克精额二月庚
	海龄二月庚辰迁
	富俊二月丁酉迁
	道光四年甲申

辛未，李宗瀚左副都御史。

福申左副都御史。

。那清安左都御史。

午迁。英和理藩院尚书。

左副都御史。

多山左副都御史。

惠端左副都御史。

差。普恭署理藩院尚书。

，左副都御史。十二月戊辰迁。

迁。闰月戊申，德奎左副都御史。

迁。四月辛酉，宝兴左副都御史。闰月辛

迁。姚文田左都御史。

迁。松筠左都御史。穆彰阿仍署。

辰迁。凯音布理藩院右侍郎。七月壬午迁

。色克精额理藩院左侍郎。

。穆彰阿理藩院尚书。

吴光	
杨怿	
普保	
嵩惠	
潘世	
那清	
宝兴	
那丹	
富俊	
道光	

吴光	
李宗	
普保	
惠显	
潘世	
那清	
那丹	
色克	
富俊	
道光	

陆言	
李宗	
多山	
福申	丑迁。八月壬戌，常文左副都御史。
姚文	
那清	
那丹	。那丹珠理藩院右侍郎。
色克	
英和	
道光	

悦十月甲申迁。韩文绮左副都御史。
曾四月丙戌迁。六月丁卯，桂龄左副都御
八月己卯，铁麟左副都御史。
恩
安
九月己酉迁。常文理藩院右侍郎。
珠二月庚午迁。壬申，福勒洪理藩院左侍
九年己丑
悦
瀚正月甲子迁。二月癸未，杨怿曾左副都
二月癸未，多山左副都御史。九月己酉迁
恩
安
珠十一月戊戌迁。宝兴理藩院右侍郎。
精额十一月戊戌迁。那丹珠理藩院左侍郎
八年戊子
九月庚午迁。十月戊子，吴光悦左副都御
瀚
九月癸丑，普保署左副都御史。
三月壬寅，惠显左副都御史，寻迁。保昌
田七月丁巳迁。汤金钊左都御史。十月丙
安
珠
精额
七月己未免。富俊理藩院尚书。
七年丁亥

刘彬	
毛式	史。
额木	
德兴	
白熔	
升寅	
奕纪	
恒格	郎。八月庚午，惠显理藩院左侍郎。
博启	
道光	

吴椿	
毛式	御史。
铁麟	
德兴	。十一月戊戌，嵩惠左副都御史。
朱士	
那清	
容照	
嵩惠	。
富俊	
道光	

韩文	史。
桂龄	
铁麟	
嵩惠	署。
潘世	戊迁。潘世恩左都御史。
那清	
常文	
惠显	
富俊	
道光	

土二月己丑迁。四月甲午，朱为弼左副都

郁正月乙丑忧免。沈维鈖左副都御史。

顺额八月壬辰，德春左副都御史。

正月甲戌迁。二月癸未，文庆左副都御史

二月壬辰迁。奎照理藩院右侍郎。九月丁

九月甲寅迁。松筠署。十二月壬戌，补。

图

十二年壬辰

正月戊寅迁。二月己亥，何凌汉左副都御

郁

正月丙子迁。二月己亥，普保左副都御史

彦五月丙寅迁。白镕左都御史。

安十二月乙酉迁。升寅左都御史。

二月壬辰革。癸巳，惠显理藩院右侍郎。

八月壬寅迁。恒格理藩院左侍郎。

八月乙未迁。博启图理藩院尚书。

十一年辛卯

绮降。七月丙子，吴椿左副都御史。

十一月迁。十二月甲子，毛式郇左副都御

十一月癸未迁。十二月己丑，德兴左副都

恩九月戊寅迁。朱士彦左都御史。

安九月甲子忧。宝兴署左都御史。那清安

七月丁丑迁。容照理藩院右侍郎。

七月丁丑迁。常文理藩院左侍郎。十一月

十年庚寅

御史。

。十月戊辰迁。文蔚左副都御史。

未迁。奕纪理藩院右侍郎。丁卯迁。联顺

史。五月丙寅迁。姚祖同左副都御史，寻

。八月壬寅迁。甲辰，德厚左副都御史。

三月丁卯迁。色克精额兼署。十二月戊子

史。

御史。

寻回任。

癸未迁。嵩惠理藩院左侍郎。

理藩院右侍郎。

休。七月丙辰，蒋祥墀左副都御史。十月

十月甲辰降。十一月壬戌，额木顺额左副

，恩铭理藩院右侍郎。乙巳迁。奕纪署。

甲辰降。十一月壬戌，刘彬士左副都御史

都御史。

道光十三年癸巳
博启图五月丁酉迁。禧恩理藩院尚书。
松筠三月戊戌迁。联顺理藩院左侍郎。
联顺三月戊戌迁。赛尚阿理藩院右侍郎
升寅
白镕四月己酉迁。汤金钊左都御史。十
文蔚
德春五月癸酉迁。癸巳，奕泽左副都御
朱为弼四月己酉迁。五月，龚守正左副

道光十四年甲午
禧恩
联顺八月癸丑迁。奕泽理藩院左侍郎。
赛尚阿正月丁亥迁。奕泽理藩院右侍郎。
升寅七月丙子迁。敬徵左都御史。十一
史致俨二月辛酉迁。何凌汉左都御史。
文蔚八月癸丑迁。九月甲戌，受庆左副
奕泽正月丁亥迁。二月辛亥，宝善左副
沈维鐈十一月丁亥迁。十二月庚子，毛
潘锡恩

。

道光十五年乙未
禧恩
奕泽二月己未迁。隆文理藩院左侍郎。
隆文二月己未迁。庆敏理藩院右侍郎。
恩铭闰月迁。武忠额左都御史。
吴椿
受庆闰月免。七月，容照左副都御史。
惟勤闰月庚辰迁。甲申，溥治左副都御
毛式郇
潘锡恩

史。十二月丙子迁。

九月丁未迁。十月癸亥，功普左副都御史

闰月庚辰免。惟勤理藩院右侍郎。九月庚

式郇左副都御史。

都御史。七月丙子迁。八月辛亥，惟勤左

都御史。

十一月丁亥迁。吴椿左都御史。

月壬申，恩铭左都御史。

。八月癸丑迁。隆文理藩院右侍郎。

都御史。六月迁。己未，潘恩左副都御史

史。

月辛酉迁。史致俨左都御史。

。

	玉玮庆
	毛式郇
	善焘八月己
。	琦琛二月乙
	卓秉恬五月
	奎照八月己
戊降。吉伦泰理藩院右侍郎。	文德和
	吉伦泰
	武忠额八月
	道光十八年
	李振祜十二
	毛式郇
副都御史。	麟魁四月癸
	琦琛四月乙
	李宗昉十二
	武忠额五月
	功普正月庚
	吉伦泰
	奕纪五月戊
	道光十七年
。	潘锡恩八月
	毛式郇
	麟魁三月丙
	功普九月丙
	吴椿五月戊
	武忠额迁。
	吉伦泰九月
	隆文九月丙
	禧恩七月庚
	道光十六年

丑迁。九月戊午，成刚左副都御史。十一

卯迁。四月辛亥，明训左副都御史。闰月

癸丑迁。姚元之左都御史。十二月乙未革

丑迁。恩铭左都御史。十月壬子迁。裕诚

降，己丑，赛尚阿署理藩院尚书。十二月

戊戌

月戊申迁。庚申，王玮庆左副都御史。

亥迁。戊辰，善焘左副都御史。

丑降。戊辰，德诚左副都御史。十二月戊

月己巳忧。卓秉恬左都御史。

戊寅迁。奎照左都御史。

子迁。文德和理藩院右侍郎。

寅迁。武忠额理藩院尚书。

丁酉

庚寅迁。九月戊申，李振祜左副都御史。

辰，左副都御史。

午迁。十月丁卯，琦琛左副都御史。

戊迁。李宗昉左都御史。

七月庚子，凯音布左都御史。九月己酉迁

丙午迁。功普理藩院右侍郎。

午迁。吉伦泰理藩院左侍郎。

子迁。武忠额理藩院尚书。十一月庚子迁

丙申

	月乙丑迁。十二月丁亥，明训左副都御史
	乙亥迁。七月壬子，阿勤清阿左副都御史
	。龚守正左都御史。
	左都御史。十一月乙丑迁。隆文左都御史
	辛卯补。
	申，琦琛左副都御史。
	。敬徵左都御史。十一月戊戌，回任，武
	。奕纪理藩院尚书。

	帅承瀛十二月己丑病免。
	祝庆蕃
。	隆勋
。	绥龄
	沈岐
。	恩桂五月己卯迁。奕山左
	慧成八月癸未迁。恩华理
	吉伦泰
	赛尚阿五月己卯迁。恩桂
	道光二十一年辛丑

	帅承瀛
	祝庆蕃二月甲申，左副都
	惟勤正月戊戌迁。二月甲
	溥治四月戊辰，绥龄左副
	祁俊藻二月丁卯迁。沈岐
	铁麟十二月戊辰迁。恩桂
	文德和十二月壬午，慧成
	吉伦泰
	赛尚阿
	道光二十年庚子

	王玮庆四月辛未迁。庚寅
	毛式郇十二月乙亥迁。
	明训三月丙辰迁。武忠额
	阿勤清阿二月庚午迁。三
	龚守正三月辛丑迁。廖鸿
忠额左都御史。	隆文三月乙卯迁。丙辰，
	文德和
	吉伦泰
	赛尚阿
	道光十九年己亥

何汝霖左副都御史。

都御史。

藩院右侍郎。

理藩院尚书。

御史。

中，德厚左副都御史。六月丁卯迁。七月

都御史。

左都御史。

左都御史。

理藩院右侍郎。

，帅承瀛左副都御史。

左副都御史。丁巳休。惟勤左副都御史。

月丁巳，鄂尔端左副都御史。七月丁酉迁

荃左都御史。十二月戊子迁。祁俊藻左都

铁麟左都御史。

刘重麟五月壬	
陈孚恩二月丁	
广林十一月迁	
花沙纳二月迁	
李宗昉二月庚	
特登额二月庚	
玉明	
恩华	
吉伦泰	
道光二十四年	
刘重麟	
赵光十二月迁	
隆勋正月乙丑	庚寅，隆勋左副都御史。
续龄七月革。	
李宗昉	
奎照四月丁丑	
玉明	
恩华	
吉伦泰	
道光二十三年	
祝庆蕃十一月	
何汝霖五月己	
隆勋	
续龄	。辛亥，溥治左副都御史。
沈岐九月丁未	御史。
奕山五月戊午	
恩华九月庚戌	
吉伦泰五月己	
恩桂五月己未	
道光二十二年	

戊，李菡左副都御史。

巳，左副都御史。

。十二月广昌左副都御史。

。福济左副都御史。八月迁。九月，和淳

戊迁。杜受田左都御史。十二月戊申迁。

戊迁。文庆左都御史。

甲辰

。

休。二月己卯，倭什讷左副都御史。四月

博迪苏左副都御史。闰月迁。十一月，花

病免。特登额左都御史。

癸卯

庚戌迁。丙寅，刘重麟左副都御史。

未迁。八月辛巳，赵光左副都御史。

乞养。李宗昉左都御史。

革。己未，奎照左都御史。

迁。连贵理藩院右侍郎。十月丙申迁。玉

未迁。禧恩理藩院左侍郎。九月庚戌，

迁。吉伦泰理藩院尚书。

壬寅

左副都御史。
祝庆蕃左都御史。

迁。斌良左副都御史。闰月迁。广林左副
沙纳左副都御史。

明理藩院右侍郎。
恩华理藩院左侍郎。

	李菡
	彭蕴章
	灵桂四月丁巳迁。五月庚辰，桂
	和淳
	魏元烺三月乙巳迁。贾桢左都御
	成刚
	王明十一月辛巳迁。奕毓理藩院
	恩华
	吉伦泰
	道光二十七年丁未
	李菡
	陈孚恩十二月迁。乙丑，彭蕴章
都御史。	庆祺闰月戊戌迁。六月甲子，灵
	和淳
	魏元烺
	成刚
	王明
	恩华
	吉伦泰
	道光二十六年丙午
	李菡
	陈孚恩
	广昌十月丙辰，庆祺左副都御史
	和淳
	祝庆蕃十月辛丑迁。魏元烺左都
	文庆二月癸丑迁。成刚左都御史
	王明
	恩华
	吉伦泰
	道光二十五年乙巳

李菡	
程庭	
文瑞	德左副都御史。十二月迁。
和淳	
王广	史。五月丙戌迁。孙瑞珍左都御史。
柏葰	
奕毓	右侍郎。
绵森	
吉伦	
道光	

李菡	
黄赞	左副都御史。
书元	桂左副都御史。
和淳	
孙瑞	
柏葰	
奕毓	
培成	
吉伦	
道光	

李菡	
彭蕴	
恒毓	。
和淳	
孙瑞	御史。
成刚	。
奕毓	
恩华	
吉伦	
道光	

桂

荫六月壬戌迁。甲子，李芝昌左都御史。

三月癸巳迁。花沙纳左都御史。

四月丙戌迁。和色本理藩院右侍郎。

泰

三十年庚戌

汤。七月己未迁。八月辛巳，程庭桂左副

二月丙辰，左副都御史。九月乙巳迁。十

珍。七月戊戌迁。王广荫左都御史。

六月辛卯，绵森理藩院左侍郎。

泰

二十九年己酉

章。八月丙寅迁。十月辛酉，黄赞汤左副

二月，左副都御史。十二月迁。

珍

十二月乙丑迁。柏葰左都御史。

二月迁。培成理藩院左侍郎。

泰

二十八年戊申

都御史。

月戊辰，文瑞左副都御史。

都御史。

清史稿卷一九〇

表第三十一

部院大臣年表七上

	吏部满尚书	吏部汉尚书	户部满尚书	户部汉尚书	礼部满尚书	礼部汉尚书	兵部满尚书	兵部汉尚书	刑部满尚书	刑部汉尚书	工部满尚书	工部汉尚书	吏部满左侍郎	吏部汉左侍郎	吏部满右侍郎	吏部汉右侍郎	户部满左侍郎	户部汉左侍郎	户部满右侍郎	户部汉右侍郎	礼部满左侍郎	礼部汉左侍郎	礼部满右侍郎	礼部汉右侍郎	兵部满左侍郎	兵部汉左侍郎	兵部满右侍郎	兵部汉右侍郎	刑部满左侍郎	刑部汉左侍郎	刑部满右侍郎	刑部汉右侍郎	工部满左侍郎	工部汉左侍郎	工部满右侍郎	工部汉右侍郎
咸丰元年辛亥	柏葰	贾桢	赛尚	孙瑞	惠丰	何汝	裕诚	魏元	阿勒	杜受	特登	王广	瑞常	侯桐	明训	张芾	阿灵	朱凤	书元	翁心	联顺	吴钟	瑞麟	曾国	恩华	孙葆	春佑	赵光	全庆	周祖	恒春	黄赞	灵桂	吕贤	奕毓	彭蕴

章

基正月己亥，工部左侍郎。

六月丙午革。德兴工部左侍郎。

汤

迁。二月辛未，书元刑部右侍郎。

培五月乙巳，王植刑部左侍郎。

闰月丙申迁。何桂清兵部右侍郎。十二月

元闰月丙申乞养。赵光兵部左侍郎。

潘

骏

存十二月乙未迁。何桂清户部右侍郎。

二月辛未迁。禧恩户部右侍郎。十月甲辰

标迁。五月乙巳，王庆云户部左侍郎。十

阿正月戊子迁。舒兴阿户部左侍郎。十月

萌十二月乙未卒。翁心存工部尚书。

额正月戊子迁。阿灵阿工部尚书。

田迁。五月乙巳，周祖培刑部尚书。

精阿闰月丁酉病免。恒春刑部尚书。

焜正月戊子迁。特登额兵部尚书。

霖

八月戊辰卒。奕湘礼部尚书。

珍

阿正月戊子迁。裕诚户部尚书。

彭蕴章	
奕䜣二	
吕贤基	
德兴正	
书元正	
王植三	
全庆正	
杜翮七	乙未迁。杜翮兵部右侍郎。
春佑	
赵光	
恩华	
曾国藩	
瑞麟	
吴钟骏	
联顺	
何桂清	
麟魁七	迁。麟魁户部右侍郎。
王庆云	
禧恩正	癸卯迁。甲辰，禧恩户部左侍郎。
张芾正	
明训正	
侯桐正	
瑞常	
翁心存	
阿灵阿	
周祖培	
恒春七	
魏元烺	
特登额	
何汝霖	
奕湘	
孙瑞珍	
裕诚正	
贾桢	
柏葰	
咸丰二	

月丙申病免。锡龄工部右侍郎。

月辛酉迁。奕经工部左侍郎。正月甲戌迁

月甲戌迁。奕经刑部右侍郎。
月戊寅病免。张芾刑部左侍郎。十二月己
月甲戌迁。书元刑部左侍郎。七月甲戌降
月丁卯忧。李嘉端兵部右侍郎。十二月己

六月忧免。七月庚申，万青藜礼部右侍郎

月甲戌迁。乙亥，青麐户部右侍郎。

月辛酉迁。德兴户部左侍郎。七月乙亥迁
月甲戌迁。部灿吏部右侍郎。
月甲戌休。全庆吏部右侍郎。七月乙亥迁
月甲戌休。张芾吏部左侍郎。三月戊寅迁

七月甲戌迁。麟魁工部尚书。

月甲戌降。阿灵阿刑部尚书。

四月辛丑病免。桂良兵部尚书。
十二月辛巳卒。徐泽醇礼部尚书。

月辛酉迁。禧恩户部尚书。十一月甲子卒

年壬子

。锡龄工部左侍郎。二月丙申调。哈芬工

亥迁。李嘉端刑部左侍郎。

。乙亥，德兴刑部左侍郎。

亥迁。许乃普兵部右侍郎。

。

。全庆户部左侍郎。

。爱仁吏部右侍郎。

。沈兆霖吏部左侍郎。

。文庆户部尚书。

	彭蕴章十二月丙申迁。龚文龄
	锡龄八月甲午，王明工部右侍
	吕贤基十一月己酉殉难。周祖
部左侍郎。	哈芬迁。五月辛酉，德兴工部
	许乃普三月甲寅，刑部右侍郎
	奕经十月戊子卒。文瑞刑部右
	李嘉端二月癸未迁。甲申，罗
	德兴五月辛酉迁。常志兼署刑
	许乃普三月甲寅迁。孙铭恩兵
	春佑
	赵光十二月丙申迁。彭蕴章兵
	恩华三月壬子迁。癸丑，常志
	万青藜
	瑞麟九月丁未调。青麟礼部右
	吴钟骏七月丙午病免。李维翰
	联顺九月丁未迁。穆荫礼部左
	何桂清十一月癸卯迁。王茂荫
	青麟九月丁未调。瑞麟户部右
	王庆云十一月壬寅迁。癸卯，
	全庆
	沈兆霖十二月壬午，潘曾莹吏
	爱仁
	邵灿十二月乙未迁。周祖培吏
	瑞常
	翁心存五月辛酉迁。许乃普工
	麟魁九月丁未迁。花沙纳工部
	周祖培五月辛酉降。翁心存刑
	阿灵阿九月丁未迁。德兴刑部
	魏元烺
	桂良九月丙午迁。丁未，阿灵
	徐泽醇
	奕湘九月丁未病免。麟魁礼部
	孙瑞珍
	文庆
	贾桢
	柏葰
	咸丰三年癸丑

工部右侍郎。

郎。

培工部左侍郎。十二月乙未迁。杜翰工部

左侍郎。九月丁未迁。载龄工部左侍郎。

。五月辛酉，雷以诚刑部右侍郎。十一月

侍郎。

惇衍刑部左侍郎。十一月癸卯迁。李维翰

部左侍郎。恒春刑部左侍郎。八月己丑迁

部右侍郎。

部左侍郎。

兵部左侍郎。

侍郎。

礼部左侍郎。十一月癸卯迁。何桂清礼部

侍郎。

户部右侍郎。

侍郎。

罗惇衍户部左侍郎。

部右侍郎。

部左侍郎。

部尚书。癸亥，翁心存工部尚书。十二月

尚书。

部尚书。癸亥，许乃普刑部尚书。

尚书。

阿兵部尚书。

尚书。

左侍郎。

丁未迁。李钧刑部右侍郎。

刑部左侍郎。十一月丁未迁。雷以诚刑部
。承芳刑部左侍郎。

左侍郎。

丙申革。赵光工部尚书。

左侍郎。

龚文龄
玉明正月丁未革。戊申，载龄工
杜翰
载龄正月戊申调。培成工部左侍
李钧三月辛亥，齐承彦刑部右侍
文瑞三月甲子病免。基溥刑部右
雷以诚
承芳
孙铭恩三月癸卯，解任。李菡兵
春佑
彭蕴章三月辛亥迁。李菡兵部左
常志
万青藜四月己丑迁。许乃普礼部
青麟二月甲午迁。文清礼部右侍
何桂清三月辛亥迁。彭蕴章礼部
穆荫十月丙辰迁。肃顺礼部左侍
王茂荫三月辛亥迁。翁心存户部
瑞麟闰月乙亥迁。熙麟户部左侍
罗惇衍
全庆闰月乙亥迁。瑞麟户部左侍
潘曾莹三月辛亥迁。何桂清吏部
爱仁十月丙辰免。穆荫吏部右侍
周祖培二月己卯迁。翁心存吏部
瑞常
赵光五月辛丑迁。彭蕴章工部尚
花沙纳十月丙辰迁。全庆工部尚
许乃普二月己卯革。朱凤标刑部
德兴
魏元烺九月甲午卒。翁心存兵部
阿灵阿
徐泽醇
麟魁
孙瑞珍五月辛丑病免。朱凤标户
文庆
贾桢十一月庚寅迁。翁心存吏部
柏葰十月丙辰免。花沙纳吏部尚
咸丰四年甲寅

部右侍郎。

郎。四月癸巳革。肃顺工部左侍郎。十月

侍郎。十二月乙巳革。载龄刑部右侍郎。

部右侍郎。三月辛亥迁。王茂荫兵部右侍

侍郎。九月丁亥迁。何彤云兵部左侍郎。

右侍郎。五月辛丑迁。陶梁礼部右侍郎。

郎。

左侍郎。五月辛丑迁。许乃普礼部左侍郎

郎。

右侍郎。九月甲午迁。许乃普户部右侍郎

郎。

郎。

右侍郎。四月乙酉迁。张祥河吏部右侍郎

郎。

左侍郎。三月辛亥迁。潘曾莹吏部左侍郎

书。

书。

尚书。五月辛丑迁。赵光刑部尚书。

尚书。十一月庚寅迁。周祖培兵部尚书。

部尚书。

尚书。

书。

丙辰迁。国瑞工部左侍郎。十二月调。麟

郎。十月己未迁。卓棅兵部右侍郎。十一

十月己未迁。王茂荫兵部左侍郎。

九月甲午迁。李道生礼部右侍郎。

。九月甲午迁。陶梁礼部左侍郎。

。十月迁。何彤云户部右侍郎。

。十一月庚寅迁。卓棅吏部右侍郎。

。四月己丑忧免。万青藜吏部左侍郎。十

龚文龄正月甲申，廉	
载龄四月己未迁。崇	
杜翰	
麟兴	兴工部左侍郎。
齐承彦	
载龄四月迁。己未，	
雷以诚革。五月庚寅，	
承芳	
匡源九月癸亥迁。曾	月庚寅迁。匡源代。
春佑	
何彤云	
常志十月甲寅卒。载	
李道生正月丁亥休。	
文清十一月庚辰迁。	
陶梁	
肃顺十一月庚辰迁。	
何彤云	
熙麟	
罗惇衍十月癸卯，朱	
瑞麟四月己未迁。载	
卓橒九月癸亥忧免。	
穆荫	
万青藜	月己未许乃普代。
瑞常	
彭蕴章	
全庆	
赵光	
德兴十一月己卯卒。	
周祖培	
阿灵阿	
徐泽醇	
麟魁十一月己卯迁。	
朱凤标	
文庆十二月甲辰迁。	
翁心存	
花沙纳	
咸丰五年乙卯	

兆绘工部右侍郎。

实工部右侍郎。六月辛亥免。基溥工部右

国瑞刑部右侍郎。

，谭廷襄刑部左侍郎。

国藩兵部右侍郎。

堪兵部左侍郎。

杜翻礼部右侍郎。

宝鋆礼部右侍郎。

文清礼部左侍郎。

嶟户部左侍郎。

龄户部左侍郎。十一月庚辰迁。肃顺户部

匡源吏部右侍郎。

麟魁刑部尚书。

瑞麟礼部尚书。

柏葰户部尚书。

	廉兆纶十月丙申，沈兆霖工部右
侍郎。	基溥
	杜翰
	麟兴迁。十二月丙戌，崇纶工部
	齐承彦八月戊子迁。李清凤刑部
	国瑞
	谭廷襄八月戊子迁。齐承彦刑部
	承芳
	曾国藩
	春佑
	何彤云
	载堪
	杜翻十月丁酉迁。车克慎礼部右
	宝鋆
	陶梁十二月丁亥病免。车克慎礼
	文清
	何彩云迁。十月丁酉，杜翻户部
	熙麟
	朱嶟十一月乙卯迁。沈兆霖户部
左侍郎。	肃顺
	匡源正月丁丑迁。沈兆霖吏部右
	穆荫
	张祥河正月丁丑病免。匡源吏部
	瑞常
	彭蕴章十一月乙卯迁。许乃普工
	全庆
	赵光
	麟魁
	周祖培十一月癸酉迁。朱凤标兵
	阿灵阿
	徐泽醇
	瑞麟
	朱凤标十一月癸酉迁。翁心存户
	柏葰
	翁心存十一月癸酉迁。周祖培吏
	花沙纳
	咸丰六年丙辰

侍郎。十一月乙卯迁。刘昆工部右侍郎。
左侍郎。
右侍郎。
左侍郎。
侍郎。十二月丁亥迁。杨式谷礼部右侍郎
部左侍郎。
右侍郎。
左侍郎。
侍郎。十月丙申迁。张祥河吏部右侍郎。
左侍郎。
部尚书。
部尚书。
部尚书。
部尚书。

刘昆
基溥 正月戊辰迁。景廉工部右侍郎。
杜翰
崇纶 二月壬子迁。德全工部左侍郎。
李清凤
国瑞 十月壬申迁。孟保刑部右侍郎。
齐承彦
承芳 十月壬申，国瑞刑部左侍郎。
曾国藩 二月癸丑忧免。六月己巳，徐树
春佑
何彤云 忧。王茂荫兵部左侍郎。
载堪
。杨式谷
宝鋆 二月戊申迁。爱仁礼部右侍郎。
车克慎 闰月乙未，孙葆元礼部左侍郎。
文清 八月甲子迁。王明礼部左侍郎。
杜翻
熙麟 二月戊申，宝鋆户部右侍郎。
沈兆霖
肃顺 正月戊辰迁。基溥户部左侍郎。
张祥河
穆荫
匡源
肃顺 正月戊辰迁。瑞常吏部左侍郎。八
许乃普
全庆 正月戊辰，文彩兵部尚书。
赵光
麟魁
朱凤标
阿灵阿 正月丁卯卒。戊辰，全庆兵部尚
徐泽醇
瑞麟
翁心存
柏葰
周祖培
花沙纳
咸丰七年丁巳

刘昆八月庚
景廉
杜翰九月辛
德全
李清凤八月
孟保
齐承彦
国瑞六月乙
铭兵部右侍郎。 徐树铭十一
春佑
王茂荫七月
载堪
杨式谷
爱仁六月辛
孙葆元
王明六月辛
杜翮五月甲
宝鋆
沈兆霖
基溥
张祥河十一
穆荫十二月
匡源
月甲子迁。文清吏部左侍郎。 文清
许乃普
文彩
赵光
麟魁十二月
朱凤标九月
书。 全庆
徐泽醇十一
瑞麟九月壬
翁心存九月
柏葰九月壬
周祖培
花沙纳
咸丰八年戊

戌迁。宋晋工部右侍郎。

巳忧。潘曾莹工部左侍郎。

乙巳病免。黄赞汤刑部右侍郎。

丑降。灵桂刑部左侍郎。

月庚辰迁。李维翰兵部右侍郎。

丁丑病免。万青藜兵部左侍郎。十一月庚

酉迁。文祥礼部右侍郎。十二月庚午迁。

酉迁。爱仁礼部左侍郎。

午，廉兆纶户部右侍郎。八月庚戌迁。刘

月庚辰迁。万青藜吏部右侍郎。

庚午迁。文祥吏部右侍郎。

庚午迁。瑞常刑部尚书。

壬午迁。陈孚恩兵部尚书。

月己卯卒。朱嶟礼部尚书。

午迁。肃顺礼部尚书。十二月庚午迁。麟

壬午迁。朱凤标户部尚书。

午迁。瑞麟户部尚书。十二月庚午迁。肃

午

	宋晋
	景廉二月甲辰
	潘曾莹，
	德全十二月壬
	黄赞汤三月辛
	孟保二月甲辰
	齐承彦
	灵桂
	李维翰
	春佑十月壬戌
辰迁。徐树铭兵部左侍郎。	徐树铭
	载堪
	杨式谷
文惠礼部右侍郎。	文惠十月壬戌
	孙葆元
	爱仁十月壬戌
昆户部右侍郎。	刘昆
	宝鋆
	沈兆霖五月甲
	基溥十月壬戌
	万青藜
	文祥十月壬戌
	匡源
	文清十月壬戌
	许乃普五月甲
	文彩
	赵光
	瑞常
	陈孚恩
	全庆十二月壬
	朱嶟
魁礼部尚书。	麟魁
	朱凤标二月甲
顺户部尚书。	肃顺
	周祖培二月乙
	花沙纳十二月乙
	咸丰九年己未

迁。成琦工部右侍郎。十月壬戌迁。文祥

寅迁。伊勒东阿工部左侍郎。

卯迁。张庚锡刑部右侍郎。

察议。景廉刑部右侍郎。

迁。基溥兵部右侍郎。

迁。伊精阿礼部右侍郎。

迁。文惠礼部左侍郎。

午迁。梁瀚户部左侍郎。

迁。成琦户部左侍郎。十一月调。文祥户

迁。爱仁吏部右侍郎。

，春佑吏部左侍郎。十二月壬寅迁。德全

午迁。张祥河工部尚书。

寅迁。穆荫兵部尚书。

寅革。乙卯，周祖培户部尚书。

卯迁。贾桢吏部尚书。五月甲午，回大学

壬寅卒。全庆吏部尚书。

工部右侍郎。十一月迁。国瑞工部右侍郎

部左侍郎。

吏部左侍郎。

士任。许乃普吏部尚书。

宋晋
国瑞 。
潘曾莹九月壬寅，李菡工部左侍郎。
伊勒东阿六月乙亥迁。丙子，福济工部
张锡庚
景廉六月丙子，麟魁刑部右侍郎。
齐承彦
灵桂
李维翰十月壬戌病免。毕道远兵部右侍
基溥五月丁酉迁。载崇兵部右侍郎。九
徐树铭
载堪
杨式谷
伊精阿
孙葆元
文惠
刘昆
宝鋆
梁瀚
成琦
万青藜九月癸巳迁。黄宗汉吏部右侍郎
爱仁五月丁酉迁。基溥吏部右侍郎。
匡源
德全
张祥河
文彩六月乙亥病免。绵森工部尚书。
赵光
瑞常
陈孚恩九月癸巳迁。沈兆霖兵部尚书。
穆荫
朱嶟
麟魁五月丁酉降。绵森礼部尚书。六月
周祖培十二月丙戌迁。沈兆霖户部尚书
肃顺
许乃普九月癸巳病免。陈孚恩吏部尚书
全庆
咸丰十年庚申

宋晋	
国瑞	
李菡十	
福济正	左侍郎。
张锡庚	
麟魁十	
齐承彦	
灵桂	
毕道远	郎。
庆英二	月乙卯开缺。庆英兵部右侍郎。
徐树铭	
载堪二	
杨式谷	
伊精阿	
孙葆元	
文惠十	
刘昆十	
宝鋆	
梁瀚	
成琦	
黄宗汉	。
基溥	
匡源十	
德全十	
张祥河	
绵森八	
赵光	
瑞常八	
朱凤标	十二月丙戌迁。朱凤标兵部尚书。
穆荫十	
朱嶟十	
倭什珲	乙亥迁。倭什珲布礼部尚书。
沈兆霖	。
肃顺九	
陈孚恩	。
全庆	
咸丰十	

月王戌迁。癸亥，单懋谦工部左侍郎。

月丁酉迁。麟兴工部左侍郎。十一月丁亥迁。

月丙辰迁。载龄刑部右侍郎。丁亥迁。载

月庚午迁。胜保兵部右侍郎。十一月壬子

月庚午，庆英兵部左侍郎。十一月壬子革

十一月丙午迁。存诚礼部右侍郎。

十月癸亥迁。甲子，伊振礼部左侍郎。

一月丙午病免。伊精阿礼部左侍郎。

月壬戌革。癸亥，董恂户部右侍郎。

十月壬戌革。癸亥，孙葆元吏部右侍郎。

月壬戌革。李菡吏部左侍郎。

月丁亥迁。载龄吏部左侍郎。

十二月庚午病免。王庆云工部尚书。

月己丑迁。瑞常工部尚书。十月丙辰迁。

月己丑迁。绵森刑部尚书。

十月癸亥迁。万青藜兵部尚书。

月辛酉革。王戌，麟魁兵部尚书。

二月戊寅病免。祁俊藻礼部尚书。

布

月乙卯革。十月丙辰，瑞常户部尚书。

十月壬戌革。癸亥，朱凤标吏部尚书。

一年辛酉

。崇纶工部左侍郎。

崇刑部右侍郎。

迁。联康兵部右侍郎。

。胜保兵部左侍郎。

爱仁工部尚书。

清史稿卷一九一

表第三二

部院大臣年表七下

咸丰元年辛亥	理藩院尚书	理藩院左侍郎	理藩院右侍郎	都察院满左都御史	都察院汉左都御史	都察院满左副都御史	都察院满左副都御史	都察院汉左副都御史	都察院汉左副都御史
咸丰二年壬子	理藩院尚书	理藩院左侍郎	理藩院右侍郎	都察院满左都御史	都察院汉左都御史	都察院满左副都御史	都察院满左副都御史	都察院汉左副都御史	都察院汉左副都御史
咸丰三年癸丑	理藩院尚书	理藩院左侍郎	理藩院右侍郎	都察院满左都御史	都察院汉左都御史	都察院满左副都御史	都察院满左副都御史	都察院汉左副都御史	都察院汉左副都御史

史	李菡	
史	罗惇衍	二月甲申迁。雷以诚左副都御史
史	文瑞	十月戊子迁。十二月丙子，文彩左
史	和淳	降。三月甲戌，载龄左副都御史。
	朱凤标	
	花沙纳	九月丁未迁。联顺左都御史。
	塔成	
	绵森	
	吉伦泰	三月壬子卒。恩华理藩院尚书。

史	李菡	
史	程庭桂	九月己酉乞养。十一月辛未，罗
史	文瑞	
史	和淳	
	朱凤标	
	花沙纳	
	和色本	十月丙午迁。塔成理藩院右侍郎
	绵森	
	吉伦泰	

史	李菡	
史	程庭桂	
史	文瑞	
史	和淳	
	李芝昌	五月乙巳迁。朱凤标左都御史。
	花沙纳	
	和色本	
	绵森	
	吉伦泰	

。五月辛酉迁。周祖培左副都御史。十一

副都御史。

九月丁未迁。十一月辛亥。富兴阿左副都

九月庚戌革。癸丑，奕湘理藩院尚书。

惇衍左副都御史。

。

月己酉迁。十二月乙酉，龚文龄左副都御

御史。

	王履谦
史。丙申迁。	李清凤八月戊子迁。九月戊
	双福
	联奎十月迁。十二月，讷尔
	许乃普十一月乙卯迁。朱嶟
	文彩
	伊勒东
	爱仁
	联顺
	咸丰六年丙辰

	王履谦
	袁甲三四月革。五月乙亥，
	双福三月，左副都御史。
	富兴阿正月丁亥休。三月丙
	许乃普
	联顺九月乙丑迁。文彩左都
	伊勒东
	绵森迁。五月乙亥，爱仁理
	奕湘九月乙丑迁。联顺理藩
	咸丰五年乙卯

	齐承彦三月癸未，左副都御
	李菡三月迁。五月庚戌，袁
	文彩十月迁。柏葰左副都御
	富兴阿
	朱凤标二月己卯迁。周祖培
	联顺
	培成正月戊申迁。伊勒东理
	绵森
	奕湘
	咸丰四年甲寅

寅，程庭桂左副都御史。

济左副都御史。

左都御史。

李清凤左副都御史。

子，基溥左副都御史。六月辛亥迁。八月

御史。

藩院左侍郎。

院尚书。

史。三月辛亥迁。四月辛巳，王履谦左副

甲三左副都御史。

史。十二月迁御史。

左都御史。十一月庚寅迁。许乃普左都御

藩院右侍郎。

张锡庚三月辛卯
梁瀚五月甲午迁
成琦二月甲辰迁
富廉
张祥河五月甲午
绵森
书元六月壬子迁
伊勒东十二月壬
穆荫十二月壬寅
咸丰九年己未

张锡庚
程庭桂十月免。
书元六月迁。九
富廉
甲午，联奎左副都御史。
朱嶟十一月己卯
瑞常九月壬午迁
灵桂六月乙丑迁
伊勒东
肃顺九月壬午迁
咸丰八年戊午

王履谦正月丙子
都御史。
程庭桂
书元四月，左副
联奎四月己酉，
朱嶟
史。
文彩正月戊辰迁
伊勒东二月戊申
爱仁二月戊申迁
联顺七月甲申解
咸丰七年丁巳

迁。五月己丑，钱宝清左副都御史。

。十月甲辰，张芾左副都御史。

。五月己丑，煜纶左副都御史。九月戊子

迁。沈兆霖左都御史。

。察杭阿理藩院右侍郎。

寅迁。裕瑞理藩院左侍郎。

迁。春佑理藩院尚书。

十二月甲寅，梁瀚左副都御史。

月甲午，成琦左副都御史。

迁。庚辰，张祥河左都御史。

。绵森左都御史。

。书元理藩院右侍郎。

。瑞常理藩院尚书。十二月庚午迁。穆荫

免。四月己酉，张锡庚左副都御史。

都御史。

富廉左副都御史。

。肃顺左都御史。八月甲子迁。瑞常左都

迁。孟保理藩院右侍郎。十月壬申迁。灵

。伊勤东理藩院左侍郎。

任。乙酉，赓福理藩院尚书。八月甲子病

迁。联康十一月，左副都御史。	

	晏端书
	王发桂二
	联康十一
	富廉十月
	万青藜十
	爱仁十月
	察杭阿
	裕瑞
理藩院尚书。	伊勤东阿
	咸丰十一

	钱宝清闰
	张芾革。
	联康
	富廉
	沈兆霖九
御史。	绵森五月
桂理藩院右侍郎。	察杭阿
	裕瑞
免。肃顺理藩院尚书。	春佑二月
	咸丰十年

月庚辰，左副都御史。
月迁。崇厚十二月，左副都御史。
乙未革。志和十二月，左副都御史。
月癸亥迁。甲子，王庆云左都御史。十二
丙辰迁。麟魁左都御史。辛酉迁。倭仁左

年辛酉

月卒。十二月庚申，晏端书左副都御史。
五月甲寅，朱凤标左副都御史。十二月丙

月癸巳迁。万青藜左都御史。
丁酉迁。爱仁左都御史。

已未迁。倭什珲布理藩院尚书。六月乙亥
庚申

月庚午迁。罗惇衍左都御史
都御史。

戌迁。

迁。伊勒东理藩院尚书。

清史稿卷一九二
表第三三

部院大臣年表八上

同治元年壬戌	吏部满尚书	吏部汉尚书	户部满尚书	户部汉尚书	礼部满尚书	礼部汉尚书	兵部满尚书	兵部汉尚书	刑部满尚书	刑部汉尚书	工部满尚书	工部汉尚书	吏部满左侍郎	吏部汉左侍郎	吏部满右侍郎	吏部汉右侍郎	户部满左侍郎	户部汉左侍郎	户部满右侍郎	户部汉右侍郎	礼部满左侍郎	礼部汉左侍郎	礼部满右侍郎	礼部汉右侍郎	兵部满左侍郎	兵部汉左侍郎	兵部满右侍郎	兵部汉右侍郎	刑部满左侍郎	刑部汉左侍郎	刑部满右侍郎	刑部汉右侍郎	工部满左侍郎	工部汉左侍郎	工部满右侍郎	工部汉右侍郎
	全庆	朱凤	瑞常	沈兆	倭什	祁俊	麟魁	万青	绵森	赵光	爱仁	王庆	载龄	李菡	基溥	孙葆	成琦	梁瀚	宝鋆	董恂	伊精	宜振	存诚	杨式	胜保	徐树	联康	毕道	灵桂	齐承	载崇	张锡	崇纶	单懋	国瑞	宋晋

七月丙申迁。王茂荫工部右侍郎。

谦

七月庚子迁。麟庆工部左侍郎。十一月乙

庚

闰月丙申迁。恒祺刑部右侍郎。十一月乙

彦

远正月丙午迁。丁未，彭玉麟兵部右侍郎

正月乙未迁。皂保兵部右侍郎。二月辛酉

铭十一月甲寅乞养。黄倬兵部左侍郎。

十一月乙丑革。丙寅，崇厚兵部左侍郎。

谷三月庚子迁。张之万礼部右侍郎。六月

闰月甲午迁。沈桂芬、毛昶熙礼部左侍郎

阿三月丙午迁。察杭阿礼部左侍郎。

正月己亥迁。熙麟户部右侍郎。七月庚子

闰月甲午，沈桂芬户部左侍郎。

正月己亥迁。宝鋆户部左侍郎。二月辛酉

元

闰月丙申迁。载崇吏部右侍郎。

三月庚子迁。杨式谷吏部左侍郎。六月庚

闰月丙申迁。基溥吏部左侍郎。

云三月庚子卒。李菡工部尚书。

正月己亥迁。倭仁工部尚书。闰月丙申迁

藜

正月己亥卒。爱仁兵部尚书。

瀛

珲布

霖七月庚子卒。罗惇衍户部尚书。

二月庚申迁。辛酉，宝鋆户部尚书。

标

二月庚申革。瑞常吏部尚书。

卯迁。恒祺工部左侍郎。

卯迁。阿克敦布刑部右侍郎。

。

迁。察杭阿兵部右侍郎。三月丙午迁。伊

庚午迁。李棠阶礼部右侍郎。七月庚子迁

。

迁。崇纶户部右侍郎。

迁。皂保户部左侍郎。

午，张之万吏部左侍郎。

。文祥工部尚书。

精阿补。

。毛昶熙礼部右侍郎。闰月甲午迁。庞钟

	王茂荫二月乙酉迁。吴存
	国瑞迁。十月庚辰，全庆
	单懋谦正月己酉迁。曹毓
	恒祺
	张锡庚四月赐恤。吴廷栋
	阿克敦布二月甲午革。恩
	齐承彦
	灵桂
	彭王麟
	伊精阿
	黄倬二月乙酉迁。曹毓瑛
	崇厚十二月戊子，毓禄署
路礼部右侍郎。	庞钟璐五月辛未迁。吴存
	存诚正月庚午迁。辛未，
	毛昶熙五月辛未迁。庞钟
	察杭阿
	董恂
	崇纶
	沈桂芬十月辛丑迁。壬寅
	皂保
	孙葆元二月迁。王茂荫吏
	载崇
	张之万正月戊申迁。己酉
	基溥
	李菡卒。二月，李棠阶工
	文祥
	赵光
	绵森
	万青藜
	爱仁十二月戊子卒。载龄
	祁俊藻
	倭什珲布
	罗惇衍
	宝鋆
	朱凤标
	瑞常
	同治二年癸亥

义工部右侍郎。五月辛未迁。薛焕工部右

工部右侍郎。十二月戊子迁。和润工部右

瑛工部左侍郎。二月乙酉迁。黄倬工部左

刑部右侍郎。

麟刑部右侍郎。

兵部左侍郎。

兵部左侍郎。

义礼部右侍郎。十二月差。

绵宜礼部右侍郎。

璐礼部左侍郎。

，吴廷栋署户部左侍郎。

部右侍郎。未任，庞钟璐署。五月辛未，

，单懋谦吏部左侍郎。二月迁。孙葆元吏

部尚书。

兵部尚书。

侍郎。	薛焕四月丁亥，宜振
侍郎。	和润八月癸酉病免。
侍郎。	黄倬
	恒祺
	吴廷栋七月庚戌迁。
	恩麟
	齐承彦七月癸亥迁。
	灵桂
	彭玉麟
	伊精阿
	曹毓瑛
	崇厚
	吴存义正月丙寅迁。
	绵宜
	庞钟璐
	察杭阿
	董恂
	崇纶
	沈桂芬七月庚戌迁。
	皂保
毛昶熙吏部右侍郎。	毛昶熙正月丙寅迁。
	载崇
部左侍郎。	孙葆元正月乙丑休。
	基溥
	李棠阶迁。七月癸亥
	文祥
	赵光
	绵森
	万青藜
	载龄
	祁俊藻七月癸亥假。
	倭什珲布
	罗惇衍
	宝鋆
	朱凤标
	瑞常
	同治三年甲子

工部右侍郎。
毓禄工部右侍郎。

谭廷襄刑部右侍郎。

王发桂刑部左侍郎。

王发桂礼部右侍郎。七月癸亥迁。汪元方

吴廷栋户部左侍郎。

吴存义吏部右侍郎。

丙寅，毛昶熙吏部左侍郎，未任。庞钟璐
，单懋谦工部尚书。

李棠阶礼部尚书。六月单懋谦署。

	宜振十一月乙丑
	毓禄
	黄倬
	恒祺
	谭廷襄十一月乙
	恩麟
	王发桂
	灵桂
	彭玉麟
	伊精阿
	曹毓瑛二月戊子
	崇厚
礼部右侍郎。温葆深署。	汪元方十一月乙
	绵宜
	庞钟璐
	察杭阿
	董恂十一月壬申
	崇纶
	吴廷栋十一月乙
	皂保
	吴存义
	载崇
兼署。	毛昶熙
	基溥
	单懋谦
	文祥
	赵光二月丁亥卒
	绵森
	万青藜十一月壬
	载龄
	李棠阶十一月壬
	倭什珲布
	罗惇衍
	宝鋆
	朱凤标
	瑞常
	同治四年乙丑

，谭廷襄工部右侍郎。	谭廷襄三月丙
	毓禄十二月癸
	黄倬
	恒祺十二月卒
丑迁。吴廷栋刑部右侍郎。	吴廷栋二月丙
	恩龄十二月癸
	王发桂三月丙
	灵桂十二月癸
	彭玉麟
	伊精阿
迁。毕道远兵部左侍郎。	毕道远七月丙
	崇厚
丑迁。宜振礼部右侍郎。	宜振病免。二
	绵宜
	庞钟璐
	察杭阿
迁。郑敦谨户部右侍郎。	郑敦谨三月丙
	崇纶
丑迁。汪元方户部左侍郎。	汪元方三月丙
	皂保
	吴存义
	载崇
	毛昶熙
	基溥
	单懋谦
	文祥二月乙巳
。戊子，齐承彦刑部尚书。	齐承彦
	绵森
申迁。曹毓瑛兵部尚书。	曹毓瑛三月丙
	载龄
申卒。万青藜礼部尚书。	万青藜
	倭什珲布十二
	罗惇衍
	宝鋆
	朱凤标
	瑞常二月乙巳
	同治五年丙寅

戊迁。王发桂工部右侍郎。十二月己酉病
丑迁。魁龄工部右侍郎。

。癸丑，毓禄工部左侍郎。
寅病免。郑敦谨刑部右侍郎。三月丙戌迁
丑迁。英元刑部右侍郎。
戊迁。郑敦谨刑部左侍郎。
丑迁。恩龄刑部左侍郎。

寅迁。胡家玉兵部左侍郎。
月癸丑，李鸿藻礼部右侍郎。三月丙寅迁

寅迁。李鸿藻户部右侍郎。七月乙丑忧。
戊迁。谭廷襄户部左侍郎。

迁。瑞常工部尚书。

戊卒。董恂兵部尚书。

月癸丑，全庆礼部尚书。

迁。文祥吏部尚书。

潘祖荫	免。潘祖荫工部右侍郎。
魁龄四月丁酉	
黄倬	
毓禄病免。四	
桑春荣	。桑春荣刑部右侍郎。
英元	
郑敦谨十二月	
恩龄	
彭玉麟	
伊精阿	
胡家玉	
崇厚	
贺寿慈十二月	。贺寿慈礼部右侍郎。
绵宜	
庞钟璐	
察杭阿	
毕道远	丙寅，毕道远户部右侍郎。
崇纶四月丁亥	
谭廷襄十月癸	
皂保四月丁亥	
吴存义十月癸	
载崇	
毛昶熙十月癸	
基溥四月丁亥	
单懋谦	
瑞常	
齐承彦十二月	
绵森	
董恂	
载龄	
万青藜	
全庆	
罗惇衍	
宝鋆	
朱凤标	
文祥	
同治六年丁卯	

	潘祖荫迁。
迁。恩承工部右侍郎。	恩承六月己
	黄倬七月丙
月丁酉，魁龄工部左侍郎。	魁龄六月己
	桑春荣
	英元
辛卯迁。贺寿慈刑部左侍郎。	贺寿慈
	恩龄
	彭玉麐
	伊精阿
	胡家玉
	崇厚
辛卯迁。沈桂芬礼部右侍郎。	沈桂芬三月
	绵宜
	庞钟璐七月
	察杭阿
	毕道远闰月
迁。延煦户部右侍郎。	延煦
巳迁。毛昶熙户部左侍郎。	毛昶熙三月
迁。崇纶户部左侍郎。	崇纶六月己
巳迁。胡肇智吏部右侍郎。	胡肇智
	载崇
巳迁。吴存义吏部左侍郎。	吴存义七月
卒。皂保吏部左侍郎。	皂保
	单懋谦三月
	瑞常六月己
辛卯卒。谭廷襄刑部尚书。	谭廷襄
	绵森六月己
	董恂
	载龄
	万青藜
	全庆
	罗惇衍
	宝鋆
	朱凤标三月
	文祥
	同治七年戊

四月癸酉，鲍源深工部右侍郎。七月丙戌

酉迁。明善工部右侍郎。

戌迁。鲍源深工部左侍郎。

酉迁。恩承工部左侍郎。

丙子迁。殷兆镛礼部右侍郎。七月丙戌迁

丙戌迁。殷兆镛礼部左侍郎。

癸酉迁。潘祖荫户部右侍郎。

丙子迁。沈桂芬户部左侍郎。七月丙戌迁

酉迁。魁龄户部左侍郎。

丙戌病免。沈桂芬吏部左侍郎。

丙子迁。郑敦谨工部尚书。

酉迁。存诚工部尚书。

酉卒。瑞常刑部尚书。

丙子迁。单懋谦吏部尚书。

辰

迁。石赞清工部右侍郎。

。杜联礼部右侍郎。八月戊申病免。温葆

。庞钟璐户部左侍郎。

石赞清八月癸亥病免。阎	
明善	
鲍源深	
恩承	
桑春荣	
英元	
贺寿慈	
恩龄八月甲寅免。乙卯，	
黄倬	
伊精阿十二月辛丑卒。王	
胡家玉	
崇厚	
温葆深	深礼部右侍郎。
绵宜八月辛丑迁。志和礼	
殷兆镛	
察杭阿	
潘祖荫六月辛酉迁。李鸿	
延煦	
庞钟璐六月辛酉迁。潘祖	
魁麟	
胡肇智六月辛酉迁。庞钟	
载崇	
沈桂芬六月辛酉迁。胡肇	
皂保	
郑敦谨六月辛酉迁。毛昶	
存诚	
谭廷襄	
瑞常	
董恂六月辛酉迁。郑敦谨	
载龄	
万青藜	
全庆	
罗惇衍忧免。六月辛酉，	
宝鋆	
单懋谦	
文祥	
同治八年己巳	

敬工部右侍郎。十月乙卯乞休。董华工部

志和刑部左侍郎。

寅，宝珣兵部右侍郎。

部右侍郎。乙卯迁。桂清礼部右侍郎。

瀛户部右侍郎。

荫户部左侍郎。

璐吏部右侍郎。

智吏部左侍郎。

熙工部尚书。

兵部尚书。

董恂户部尚书。

右侍郎。	石赞清
	明善
	鲍源深
	恩承
	桑春荣
	英元迁。正月癸未，达庆刑部右
	贺寿慈
	志和
	黄倬
	宝珣
	胡家玉
	崇厚
	温葆深
	桂清
	殷兆镛
	察杭阿
	李鸿藻
	延煦
	潘祖荫
	魁龄
	庞钟璐四月甲辰迁。彭久馀吏部
	载崇
	胡肇智
	皂保
	毛昶熙
	存诚
	谭廷襄四月甲辰卒。郑敦谨刑部
	瑞常
	郑敦谨四月甲辰迁。沈桂芬兵部
	载龄
	万青藜
	全庆
	董恂
	宝鋆
	单懋谦
	文祥
	同治九年庚午

	石赞清五月癸丑，钱宝廉工部右
	明善二月庚寅迁。荣禄工部右侍
	鲍源深五月癸丑迁。童华工部左
	恩承二月庚寅迁。明善工部左侍
	桑春荣
侍郎。	达庆六月壬午，常恩刑部右侍郎
	贺寿慈
	志和
	黄倬五月癸丑迁。鲍源深兵部右
	宝珣
	胡家玉五月癸丑迁。黄倬兵部左
	崇厚
	温葆深五月乙巳迁。部亨豫礼部
	桂清二月庚寅迁。恩承礼部右侍
	殷兆镛五月乙巳回籍。温葆深礼
	察杭阿
	李鸿藻七月乙卯迁。鲍源深户部
	延煦二月庚寅迁。桂清户部右侍
	潘祖荫
	魁龄二月庚寅迁。延煦户部左侍
右侍郎。	彭久馀
	载崇
	胡肇智五月癸丑病免。胡家玉吏
	皂保二月庚寅迁。魁龄吏部左侍
	毛昶熙
	存诚二月庚寅迁。崇纶工部尚书
尚书。	郑敦谨七月乙卯病免。庞钟璐刑
	瑞常二月戊子迁。庚寅，全庆刑
尚书。	沈桂芬
	载龄
	万青藜
	全庆二月庚寅迁。存诚礼部尚书
	董恂
	宝鋆
	单懋谦
	文祥
	同治十年辛未

侍郎。

郎。

侍郎。

郎。

。

侍郎。七月乙卯迁。夏同善兵部右侍郎。

侍郎。九月乙未迁。胡瑞澜兵部左侍郎。

右侍郎。八月辛巳迁。胡瑞澜礼部右侍郎

郎。

部左侍郎。九月乙未迁。黄倬礼部左侍郎

右侍郎。九月甲午迁。乙未，温葆深户部

郎。

郎。

部左侍郎。

郎。

。

部尚书。

部尚书。

。

	钱宝廉
	荣禄
	董华八
	明善
	桑春荣
	常恩
	贺寿慈
	志和七
	夏同善
	宝珣
	胡瑞澜
	崇厚
。九月乙未迁。徐桐礼部右侍郎。	徐桐
	恩承七
。	黄倬
	察杭阿
右侍郎。	温葆深
	桂清
	潘祖荫
	延煦七
	彭久徐
	载崇
	胡家王
	魁麟
	毛昶熙
	崇纶
	庞钟璐
	全庆
	沈桂芬
	载龄六
	万青藜
	存诚七
	董恂
	宝鋆六
	单懋谦
	文祥六
	同治十

八月庚申迁。宜振工部右侍郎。	宜振
	崇禄四
月壬戌迁。何廷谦工部左侍郎。	何廷谦
	明善
八月庚申迁。钱宝廉刑部右侍郎。	钱宝廉
	常恩正
	贺寿慈
月己亥迁。恩承刑部左侍郎。	恩承
	夏同善
	宝珣七
	胡瑞澜
	崇厚
	徐桐
月己亥迁。绵宜礼部右侍郎。	绵宜
	黄倬
	察杭阿
	温葆深
	桂清十
	潘祖荫
月己亥迁。志和户部左侍郎。	志和四
八月壬戌，童华吏部右侍郎。	童华十
	载崇
八月壬戌迁。彭久馀吏部左侍郎。	彭久馀
	魁龄
八月庚申迁。李鸿藻工部尚书。	李鸿藻
	崇纶
八月壬戌，桑春荣刑部尚书。	桑春荣
	全庆十
	沈桂芬
月甲子迁。英桂兵部尚书。	英桂
	万青藜
月己亥卒。灵桂礼部尚书。	灵桂
	董恂
月甲子迁。载龄户部尚书。	载龄
八月庚申迁。毛昶熙吏部尚书。	毛昶熙
月甲子迁。宝鋆吏部尚书。	宝鋆
一年壬申	同治十

月辛未迁。讷仁工部右侍郎。

月壬辰病免。广寿刑部右侍郎。
十二月戊子迁。刘有铭刑部左侍郎。

月甲戌病免。恩龄兵部右侍郎。

一月丙辰迁。己未，崇绮户部右侍郎。
十二月戊子降。宋晋户部左侍郎。
月辛未迁。荣禄户部左侍郎。
二月戊子降。殷兆镛吏部右侍郎。

二月戊子降。崇实刑部尚书。

二年癸酉

宜讷何明钱广刘恩夏恩胡崇徐绵黄察温崇宋崇殷载彭魁李崇桑崇沈英万灵董载毛宝同

振
仁
廷 谦
善 十二月卒。辛卯，成林工部左侍郎。
宝 廉
寿 八月癸酉迁。甲戌，载崇刑部右侍郎。
有 铭 正月己巳革。庚午，黄钰刑部左侍郎。
承 十一月庚戌迁。绍祺刑部左侍郎。
同 善
龄
瑞 澜
厚
桐
宜
倬
杭 阿
葆 深
绮 八月甲戌迁。庆升户部右侍郎。
晋 九月癸亥卒。袁保恒户部左侍郎。
禄
兆 镛
崇 八月甲戌迁。崇绮吏部右侍郎。
久 徐
麟 十一月庚戌迁。恩承吏部左侍郎。
鸿 藻
纶
春 荣
奕
桂 芬
桂 八月癸酉迁。宝瑩兵部尚书。十一月己
青 藜
桂
恂
龄
昶 熙
瑩 八月癸酉迁。英桂吏部尚书。
治 十三年甲戌

。

酉迁。庚戌广寿兵部尚书。

清史稿卷一九三

表第三四

部院大臣年表八下

同治元年壬戌	理藩院尚书	理藩院左侍郎	理藩院右侍郎	都察院满左都御史	都察院汉左都御史	都察院满左副都御	都察院满左副都御	都察院汉左副都御	都察院汉左副都御
同治二年癸亥	理藩院尚书	理藩院左侍郎	理藩院右侍郎	都察院满左都御史	都察院汉左都御史	都察院满左副都御	都察院满左副都御	都察院汉左副都御	都察院汉左副都御
同治三年甲子	理藩院尚书	理藩院左侍郎	理藩院右侍郎	都察院满左都御史	都察院汉左都御史	都察院满左副都御	都察院满左副都御	都察院汉左副都御	都察院汉左副都御

史	晏端书三月辛酉，潘祖荫左副都御史。
史	王发桂正月丙寅迁。丁卯，汪元方左副
史	景霖
史	钟佩贤七月庚戌迁。八月十三，恒恩左副
	单懋谦七月癸亥迁。齐承彦左副都御史
	全庆
	额勒和布
	裕瑞
	存诚
史	晏端书
史	王发桂
史	景霖
史	钟佩贤五月，桂清署左副都御史。
	李棠阶迁。二月乙酉，单懋谦左都御史
	载龄十二月戊子迁。全庆左都御史。
	庆明迁。六月丙申，额勒和布理藩院右
	裕瑞
	伊勒东阿迁。正月庚午，存诚理藩院尚
史	晏端书差。四月癸亥，王茂荫署左副都
史	王发桂
史	崇厚二月迁。阿克敦布三月代。十二月
史	志和十一月迁。钟佩贤代。三月乙未，阿
	罗惇衍七月庚子迁。李棠阶左都御史。
	倭仁正月己亥迁。文祥左都御史。闰月
	察杭阿二月辛酉迁。增庆理藩院右侍郎
	裕瑞
	伊勒东阿

四月，贺寿慈署左副都御史。

都御史。九月丙午，贺寿慈左副都御史。

都御史。

。

。

侍郎。

书。

御史。

戊子，景霖左副都御史。

克敦布左副都御史。十一月乙卯迁。丁卯

丙申迁。载龄左都御史。

。闰月丙申，庆明理藩院右侍郎。

温葆深二月戊子，左
鲍源深
达庆
继格
汪元方十月癸巳卒。
灵桂
奕庆
恩承四月丁酉迁。载
存诚
同治六年丁卯

潘祖荫二月己酉迁。
贺寿慈二月丙寅迁。
达庆
恒恩十一月卒。十二
董恂三月丙戌迁。迁
全庆十二月癸丑迁。
英元五月丙子迁。魁
裕瑞五月迁。丙子，
存诚
同治五年丙寅

潘祖荫
贺寿慈
景霖十月甲寅迁。十
，钟佁左副都御史。 恒恩
齐承彦二月戊子迁。
全庆
额勒和布九月戊寅迁
裕瑞
存诚
同治四年乙丑

副都御史。

谭廷襄左都御史。十二月辛卯迁。郑敦谨

蔼理藩院左侍郎。

三月丙戌，胡家玉左副都御史。七月丙寅

月，继格左副都御史。

元方左都御史。

灵桂左都御史。

龄理藩院右侍郎。十二月癸丑迁。奕庆理

英元理藩院左侍郎。十二月癸丑迁。恩承

二月甲辰，达庆左副都御史。

曹毓瑛左都御史。十一月壬申迁。董恂左

。己卯，英元理藩院右侍郎。

胡瑞	
彭久	
达庆	
继格	
沈桂	左都御史。
灵桂	
广寿	
载龄	
崇纶	
同治	

郑锡	迁。八月乙未，鲍源深左副都御史。
童华	
达庆	
继格	
毛昶	
灵桂	
奕庆	藩院右侍郎。
载龄	补。
崇纶	
同治	

温葆	
鲍源	
达庆	
继格	
郑敦	都御史。
灵桂	
奕庆	
载龄	
存诚	
同治	

澜

徐四月甲辰迁。刘有铭左副都御史。

正月癸未迁。三月庚午，恩兴左副都御史

芬四月甲辰迁。庞钟璐左都御史。

九年庚午

瀛十二月丁未，胡瑞澜左副都御史。

十月乙丑迁。彭久馀左副都御史。

熙六月辛酉迁。沈桂芬左都御史。

八月乙卯，广寿理藩院右侍郎。

八年己巳

深八月戊申迁。九月己卯，郑锡瀛左副都

深四月癸酉迁。六月癸丑，石赞清左副都

谨三月丙子迁。毛昶熙左都御史。

六月己酉迁。崇纶理藩院尚书。

七年戊辰

。

御史。

御史。七月丙戌迁。八月丁卯，董华左副

	唐王森
	刘有铭十二月戊子迁。
	恩兴
	恩龄七月甲戌迁。八月戊戌，苏
	胡家玉十二月戊子降。贺寿慈左
	英元
	广寿正月壬辰迁。成林理藩院右
	载龄
	皂保
	同治十二年癸酉

	唐王森
	刘有铭
	恩兴
	继格七月迁。八月乙丑，恩龄左
	李鸿藻八月庚申迁。桑春荣左都
	皂保七月己亥迁。英元左都御史
	广寿
	载龄
	灵桂七月己亥迁。皂保理藩院尚
	同治十一年壬申

	胡瑞澜八月辛巳迁。十月乙丑，
都御史。	刘有铭
	恩兴
	继格
	庞钟璐七月乙卯迁。李鸿藻左都
	灵桂二月庚寅迁。皂保左都御史
	广寿
	载龄
	崇纶二月庚寅迁。灵桂理藩院尚
	同治十年辛未

勤布左副都御史。	
都御史。	
侍郎。	
副都御史。	
御史。王戌迁。胡家玉左都御史。	
。	
书。	
。	
唐王森左副都御史。	唐王森
	董华二
	恩兴
	苏勒布
御史。	贺寿慈
。	英元八
	成林九
	载龄九
书。	皂保
。	同治十

月左副都御史。

九月癸亥迁。十一月己酉，惠林左副都御

月癸酉卒。广寿左都御史。十一月庚戌迁

月癸亥迁。苏勒布理藩院右侍郎。

月壬戌病免。癸亥，成林理藩院左侍郎。

三年甲戌

史。

。魁麟左都御史。

十二月辛卯迁。德椿理藩院左侍郎。

清史稿卷一九四

表第三五

部院大臣年表九上

光绪元年乙亥	
吏部满尚书	英桂
吏部汉尚书	毛昶
户部满尚书	载龄
户部汉尚书	董恂
礼部满尚书	灵桂
礼部汉尚书	万青
兵部满尚书	广寿
兵部汉尚书	沈桂
刑部满尚书	崇实
刑部汉尚书	桑春
工部满尚书	崇纶
工部汉尚书	李鸿
吏部满左侍郎	恩承
吏部汉左侍郎	彭久
吏部满右侍郎	崇绮
吏部汉右侍郎	殷兆
户部满左侍郎	荣禄
户部汉左侍郎	袁保
户部满右侍郎	庆升
户部汉右侍郎	温葆
礼部满左侍郎	察杭
礼部汉左侍郎	黄倬
礼部满右侍郎	绵宜
礼部汉右侍郎	徐桐
兵部满左侍郎	崇厚
兵部汉左侍郎	胡瑞
兵部满右侍郎	恩龄
兵部汉右侍郎	夏同
刑部满左侍郎	绍祺
刑部汉左侍郎	黄钰
刑部满右侍郎	载崇
刑部汉右侍郎	钱宝
工部满左侍郎	成林
工部汉左侍郎	何廷
工部满右侍郎	讷仁
工部汉右侍郎	宜振

二月壬申，桂清工部右侍郎。
谦
廉

善
澜未任。十一月丁酉，郭嵩焘署兵部左侍

阿
深
恒
镛
徐
谦
九月己亥卒。魁龄工部尚书。
荣
正月赴奉天，灵桂署刑部尚书。
芬
藜

熙

郎。

宜振

桂清十月甲寅迁。德椿工部右侍郎。

何廷谦

成林

钱宝廉

载崇二月戊戌卒。己亥，恩龄刑部右

黄钰四月开缺。袁保恒刑部左侍郎。

绍祺

夏同善

恩龄二月己亥迁。乌拉喜崇阿兵部右

胡瑞澜郭嵩焘七月出使。董华署。

崇厚十月赴奉天。长叙署兵部左侍郎

徐桐四月己巳迁。潘祖荫礼部右侍郎

绵宜十月甲寅迁。全庆礼部右侍郎。

黄倬

察杭阿十月甲寅迁。绵宜礼部左侍郎

温葆深正月甲寅病免。乙卯，翁同和

庆升

袁保恒四月己巳迁。殷兆镛户部左侍

荣禄

殷兆镛四月己巳迁。徐桐吏部右侍郎

崇绮

彭久馀

恩承

李鸿藻

魁龄

桑春荣

崇实十月癸丑卒。甲寅，皂保刑部尚

沈桂芬

广寿

万青藜

灵桂

董恂

载龄

毛昶熙

英桂

光绪二年丙子

侍郎。十一月乙未卒。麟书刑部右侍郎。

侍郎。

。

。

。

户部右侍郎。

郎。

。

书。

光绪三年丁丑	
英桂	正月癸亥迁。载龄吏部尚书。
毛昶熙	
载龄	正月癸亥迁。魁龄户部尚书。
董恂	
灵桂	
万青藜	
广寿	
沈桂芬	
皂保	
桑春荣	
魁龄	正月癸亥迁。景廉工部尚书。
李鸿藻	九月丙寅忧。贺寿慈工部尚书。
恩承	
彭久馀	
崇绮	
徐桐	九月丙寅迁。童华吏部右侍郎。
荣禄	
殷兆镛	
庆升	
翁同和	
绵宜	
黄倬	
全庆	正月癸亥迁。长叙礼部右侍郎。十一
潘祖荫	
崇厚	
胡瑞澜	二月革。辛卯，郭嵩焘兵部左侍郎
乌拉喜崇阿	
夏同善	
绍祺	迁。十一月丙辰，麟书刑部左侍郎。
袁保恒	
麟书	十一月迁。庚申，长叙刑部右侍郎。
钱宝廉	
成林	
何廷谦	
德椿	
宜振	

	宜振
	德椿
	何廷谦十二
	成林十二月
	钱宝廉
	长叙
	袁保恒四月
	麟书二月己
	夏同善
	乌拉喜崇阿
。	郭嵩焘董华
	崇厚三月癸
	冯誉骥七月
月庚申迁。志和礼部右侍郎。	志和二月己
	黄倬迁。四
	绵宜五月辛
	翁同和五月
	庆升二月己
	殷兆镛
	荣禄迁。五
	董华七月癸
	崇绮十二月
	彭久馀七月
	恩承三月癸
	贺寿慈
	景廉五月癸
	桑春荣
	皂保三月癸
	沈桂芬
	广寿
	万青藜五月
	灵桂五月辛
	董恂
	魁龄五月癸
	毛昶熙五月
	载龄五月辛
	光绪四年戊

月己丑病免。孙诒经工部左侍郎。
癸卯迁。文徵工部左侍郎。

壬辰卒。癸巳，黄倬刑部右侍郎。七月癸
亥迁。志和刑部左侍郎。五月辛亥迁。继

署。
亥迁。昆冈兵部左侍郎。
癸卯迁。龚自闳礼部右侍郎。
亥迁。昆冈礼部右侍郎。
月癸巳，王文韶礼部左侍郎。
亥迁。奎润礼部左侍郎。
戊辰迁。潘祖荫户部右侍郎。
亥病免。麟书户部右侍郎。

月辛亥，志和户部左侍郎。
卯迁。黄倬吏部右侍郎。
癸卯迁。成林吏部右侍郎。
癸卯病免。董华吏部右侍郎。
亥迁。崇厚吏部左侍郎。未任，成林兼署

亥迁。荣禄工部尚书。十二月癸卯免。全

亥开缺。全庆刑部尚书。十二月癸卯迁。

戊辰迁。徐桐礼部尚书。
亥迁。恩承礼部尚书。

亥病免。景廉户部尚书。
戊辰忧免。万青藜吏部尚书。
亥迁。灵桂吏部尚书。
寅

	宣振迁
	德椿正
	孙诒经
	文澄六
	钱宝廉
	长叙二
卯迁。冯誉骥刑部右侍郎。	冯誉骥
格刑部左侍郎。	继格二
	夏同善
	乌拉喜
	郭嵩焘
	昆冈五
	龚自闳
	昆冈五
	王文韶
	奎润五
	潘祖荫
	麟书五
	殷兆镛
	志和五
	黄倬三
	成林五
	童华三
。十二月癸卯，崇厚迁，崇绮补。	崇绮五
	贺寿慈
庆工部尚书。	全庆
	桑春荣
文煜刑部尚书。	文煜
	沈桂芬
	广寿
	徐桐
	恩承
	董恂
	景廉
	万青藜
	灵桂
	光绪五

。正月戊辰，龚自闳工部右侍郎。四月卒
月戊辰休。启秀工部右侍郎。八月癸未迁
月甲辰迁。师曾工部左侍郎。
八月庚午迁。薛允升刑部右侍郎。
月癸未迁。启秀刑部右侍郎。六月甲辰迁
八月庚午迁。钱宝廉刑部左侍郎。
月癸未迁。长叙刑部左侍郎。十一月壬辰
三月乙卯迁。朱智兵部右侍郎。
崇阿八月乙卯迁。恩麟兵部右侍郎。
免。七月癸未，许应骙兵部左侍郎，未任
月甲午迁。奎润兵部左侍郎。
正月戊辰迁。殷兆镛礼部右侍郎。
月甲午迁。全桂礼部右侍郎。
正月庚午迁。祁世长礼部左侍郎。四月壬
月甲午迁。松森礼部左侍郎。
正月戊辰迁。宜振户部右侍郎。
月甲午迁。昆冈户部右侍郎。十一月壬辰
正月戊辰迁。潘祖荫户部左侍郎。庚午迁
月甲午迁。麟书户部左侍郎。十一月壬辰
月乙卯迁。夏同善吏部右侍郎。
月甲午迁。志和吏部右侍郎。八月乙卯迁
月乙卯迁。黄倬吏部左侍郎。
月癸巳迁。甲午，成林吏部左侍郎。八月
三月庚戌降。乙卯，潘祖荫工部尚书。四
正月庚午病休。翁同和刑部尚书。四月壬
年己卯

。庚申，张沄卿工部右侍郎。八月差。程

。锡珍工部右侍郎。十一月王申迁。兴廉

。文澄刑部右侍郎。十一月辛未病免。王

迁。松溎刑部左侍郎。

。王文韶兼署。

申病休。邵亨豫礼部左侍郎。

迁。长叙户部右侍郎。

。王文韶户部左侍朗。

迁。昆冈户部左侍郎，差。奎润兼署。

。乌拉喜崇阿吏部右侍郎。

乙卯卒。志和吏部左侍郎。十一月辛巳迁

月王申迁。翁同和工部尚书。

申迁。潘祖荫刑部尚书。

祖诰署工部右侍郎。	张沄卿
工部右侍郎。	兴廉
	孙诒经八月癸卯迁
	师曾
	薛允升
申，锡珍刑部右侍郎。	锡珍十二月戊戌迁
	钱宝廉八月癸卯迁
	松溎
	朱智
	恩麟
	许应骙
	奎润十月壬戌迁。
	殷兆镛四月辛酉迁
	全桂八月丙午迁。
	邵亨豫四月辛酉迁
	松森八月丙午迁。
	宜振
	长叙十二月戊戌革
	王文韶
	昆冈
	夏同善八月癸卯卒
	乌拉喜崇阿十月壬
	黄倬病免。四月辛
。麟书吏部左侍郎。	麟书十月壬戌迁。
	翁同和
	全庆十一月己巳迁
	潘祖荫
	文煜
	沈桂芬
	广寿
	徐桐
	恩承
	董恂
	景廉
	万青藜
	灵桂年庚辰
	光绪六

	张沄卿迁。二月
	兴廉
。孙家鼐工部左侍郎。	孙家鼐
	师曾
	薛允升四月乙巳
。敬信刑部右侍郎。	敬信
。孙诒经刑部左侍郎。	孙诒经四月乙巳
	松溎
	朱智四月丙午病
	恩麟
	许应骙
耀年兵部左侍郎。	耀年
。祁世长礼部右侍郎。	祁世长十二月辛
崇礼礼部右侍郎。	崇礼十月癸酉迁
。殷兆镛礼部左侍郎。	殷兆镛十二月癸
桂全礼部左侍郎。	桂全
	宜振四月甲辰病
。锡珍户部右侍郎。	锡珍十月癸酉迁
	王文韶
	昆冈
。钱宝廉吏部右侍郎。	钱宝廉十二月庚
戌迁。奎润吏部右侍郎。	奎润十月癸酉迁
酉，邵亨豫吏部左侍郎。	邵亨豫
乌拉喜崇阿吏部左侍郎。	乌拉喜崇阿十月
	翁同和
。庚午，瑞联工部尚书。	瑞联
	潘祖荫
	文煜
	沈桂芬正月丙寅
	广寿十月癸酉迁
	徐桐
	恩承
	董恂
	景廉
	万青藜
	灵桂十月癸酉迁
	光绪七年辛巳

癸未。孙毓汶工部右侍郎。

迁。夏家镐刑部右侍郎。

迁。薛允升刑部左侍郎。

免。丁未，梅启兵部右侍郎。八月丁亥迁

巳迁。许庚身礼部右侍郎。

。宝廷礼部右侍郎。

未病免。张沄卿礼部左侍郎。

免。乙巳，孙诒经户部右侍郎。

。崇礼户部右侍郎。

辰。赐恤。祁世长吏部右侍郎。

。锡珍吏部右侍郎。

癸酉迁。奎润吏部左侍郎。

卒。李鸿藻兵部尚书。

。志和兵部尚书。

。广寿吏部尚书。

光绪八年壬午
广寿
万青藜正月辛亥免。
景廉
董恂正月辛亥免。阎
恩承
徐桐
志和
李鸿藻正月辛亥迁。
文煜
潘祖荫
瑞联
翁同和
乌拉喜崇阿
邵亨豫
锡珍
祁世长八月差。王文
昆冈
王文韶正月辛亥，升
崇礼五月戊申降。恩
孙诒经
桂全
张沄卿
宝廷
许庚身九月乙未迁。
耀年
许应骙十一月戊子迁
恩麟正月辛亥休。福
徐郙八月甲寅差。陈
。徐郙兵部右侍郎。
松溎
薛允升
敬信五月戊申迁。福
夏家镐九月乙未免。
师曾六月甲子迁。敬
孙家鼐
兴廉
孙毓汶

信工部左侍郎。
许庚身刑部右侍郎。
锟刑部右侍郎。

兰彬署兵部右侍郎。
锟兵部右侍郎。五月戊申迁。敬信兵部右
。黄体芳兵部左侍郎。未任前，薛允升兼

童华礼部右侍郎。

福户部右侍郎。
署户部左侍郎。文韶五月回任。十一月丁

韶兼署吏部右侍郎。

毛昶熙兵部尚书。二月戊辰卒。张之万兵

敬铭户部尚书。未任，王文韶署。敬铭五

李鸿藻吏部尚书。

署侍郎。六月甲子迁。师曾兵部右侍郎。

亥免。许应骙户部左侍郎。未任前，张家

部尚书。

月任。

	孙毓汶六月丙辰迁。张家骧工部右
	兴廉六月己巳迁。景善工部右侍郎
	孙家鼐六月丙辰迁。孙毓汶工部左
	敬信六月己巳迁。兴廉工部左侍郎
	许庚身
	福锟二月甲寅迁。贵恒刑部右侍郎
	薛允升
	松溎
	徐郙十月辛亥迁。刘锦棠兵部右侍
	师曾
	黄体芳
	耀年
	童华
	宝廷正月甲午革。贵恒礼部右侍郎
	张沄卿十月庚戌卒。辛亥，徐郙礼
	桂全
	孙诒经六月丙辰迁。孙家鼐户部右
	恩福二月甲寅迁。福锟户部右侍郎
骧署。	许应骙六月丙辰迁。孙诒经户部左
	昆冈六月己巳迁。福锟户部左侍郎
	祁世长六月丙辰迁。许应骙吏部右
	锡珍六月己巳迁。昆冈吏部右侍郎
	邵亨豫六月卒。丙辰，祁世长吏部
	乌拉喜崇阿六月己巳迁。锡珍吏部
	翁同和
	瑞联二月甲寅迁。麟书工部尚书。
	潘祖荫正月丙午忧免。张之万刑部
	文煜
	张之万正月丙午迁。彭玉麟兵部尚
	志和正月辛亥革。二月壬子，瑞联
	徐桐
	恩承
	阎敬铭
	景廉降。六月己巳，额勒和布户部
	李鸿藻
	广寿
	光绪九年癸未

侍郎。

侍郎。

。

。

郎。未任，徐用仪署。

。二月甲寅迁。嵩申礼部右侍郎。十一月

部左侍郎。

侍郎。

。六月己巳迁。敬信户部右侍郎。十一月

侍郎。

。

侍郎。

。十一月乙未，奎润吏部右侍郎。

左侍郎。

左侍郎。九月丁未迁。景廉吏部左侍郎。

尚书。

书。未任，阎敬铭兼署。

兵部尚书。十一月乙未免。景廉兵部尚书

尚书。

	光绪十
	广寿八
	李鸿藻
	额勒和
	阎敬铭
	恩承五
	徐桐三
。	景廉三
	彭玉麟
	文煜五
	张之万
	麟书五
	翁同和
十一月乙未迁。昆冈吏部左侍郎。	昆冈三
	祁世长
	奎润三
	许应骙
	福锟五
	孙诒经
辛丑病免。嵩申户部右侍郎。	嵩申闰
	孙家鼐
	桂全五
	徐郙闰
辛丑迁。熙敬礼部右侍郎。	熙敬
	童华
	耀年
	黄体芳
	师曾
	刘锦棠
	松淮三
	薛允升
	贵恒三
	许庚身
	兴廉五
	孙毓汶
	景善五
	张家骧

三月庚寅迁。徐用仪工部右侍郎。
月己丑迁。乌拉布工部右侍郎。闰月乙巳

月戊子迁。己丑，景善工部左侍郎。闰月

月庚寅迁。文晖刑部右侍郎。

月庚寅迁。贵恒刑部左侍郎。五月己丑免
十月壬申迁。曾纪泽兵部右侍郎。

月乙巳迁。七月丙辰，敬信礼部右侍郎。

月己丑迁。庆麟礼部左侍郎。

月甲辰迁。景善户部右侍郎。

月癸卯迁。嵩申户部左侍郎。
三月庚寅迁。张家骧吏部右侍郎。
月庚寅迁。松溎吏部右侍郎。八月乙酉迁
三月庚寅迁。许应骙吏部左侍郎。
月庚寅迁。奎润吏部左侍郎。八月乙酉迁

月壬寅病免。癸卯，福锟工部尚书。

月戊子迁。恩承刑部尚书。八月乙酉迁。
五月乙未，徐桐兼署兵部尚书。
月戊子免。庚寅，乌拉喜崇阿兵部尚书。
月庚寅迁。毕道远礼部尚书。
月戊子迁。延煦礼部尚书。

布九月甲子迁。崇绮户部尚书。
三月戊子免。己丑，徐桐吏部尚书。
月癸未卒。乙酉，恩承吏部尚书。
年甲申

迁。熙敬工部右侍郎。八月乙酉迁。清安

甲辰迁。乌拉布工部左侍郎。

。桂全刑部左侍郎。

。熙敬吏部右侍郎。

。松溎吏部左侍郎。

锡珍刑部尚书。

工部右侍郎。

徐用仪

清安

孙毓汶

乌拉布

许庚身

文晖三月己酉迁。贵恒刑部

薛允升

桂全

曾纪泽十二月辛卯迁。廖寿

师曾

黄体芳十二月辛卯降。曾纪

耀年

童华

敬信

徐郙

庆麟三月己酉，文晖礼部左

孙家鼐

景善

孙诒经

嵩申

张家骧十一月壬子卒。李鸿

熙敬

许应骙

松溎

翁同和十一月癸亥迁。潘祖

福锟十一月癸亥迁。麟书工

张之万

锡珍

彭玉麟五月戊申，潘祖荫署

乌拉喜崇阿

毕道远

延煦

阎敬铭十一月癸亥迁。翁同

崇绮十一月癸亥迁。福锟户

徐桐

恩承十一月癸亥迁。崇绮吏

光绪十一年乙酉

右侍郎。

恒兵部右侍郎。

泽兵部左侍郎。

侍郎。

藻吏部右侍郎。

荫工部尚书。

部尚书。

兵部尚书。十一月癸亥迁。十二月甲子，

和户部尚书。

部尚书。

部尚书。

光绪十二年丙戌	
崇绮二月甲戌病免。	
徐桐	
福锟	
翁同和	
延煦	
毕道远	
乌拉喜崇阿	
彭玉麟、许庚身	许庚身署兵部尚书。
锡珍二月甲戌迁。麟	
张之万	
麟书二月甲戌迁。昆	
潘祖荫	
松溎	
许应骙	
熙敬	
李鸿藻	
嵩申	
孙诒经	
景善	
孙家鼐	
文晖	
徐郙五月丁未迁。敬	
敬信五月戊申，英煦	
童华	
耀年	
曾纪泽	
师曾	
廖寿恒	
桂全	
薛允升	
贵恒	
许庚身	
乌拉布	
孙毓汶	
清安	
徐用仪	

	徐用仪
	清安
	孙毓汶
	乌拉布
	许庚身九月戊午迁。周德
	贵恒
	薛允升
	桂全
	廖寿恒正月辛亥迁。孙家
	师曾十二月丁未迁。绵宜
	曾纪泽正月辛亥迁。廖寿
	耀年十二月丁未卒。师曾
	童华
礼部右侍郎。	英煦二月丁亥迁。续昌礼
	徐郙
信礼部左侍郎。	敬信
	孙家鼐正月辛亥迁。曾纪
	景善正月辛亥迁。熙敬户
	孙诒经
	嵩申
	李鸿藻九月丁巳迁。许庚
	熙敬正月辛亥迁。景善吏
	许应骙
	松溎
	潘祖荫
冈工部尚书。	昆冈
	张之万
书刑部尚书。	麟书
	彭玉麟、许庚身
	乌拉喜崇阿
	毕道远九月丁巳病免。李
	延煦二月丁亥卒。奎润礼
	翁同和
	福锟
	徐桐
锡珍吏部尚书。	锡珍
	光绪十三年丁亥

	徐用仪七月壬子迁。汪鸣
	清安
	孙毓汶七月壬子迁。徐用
	乌拉布
润刑部右侍郎。	周德润
	贵恒
	薛允升
	桂全
鼐兵部右侍郎。	孙家鼐
兵部右侍郎。	绵宜三月癸亥迁。崇礼兵
恒兵部左侍郎。	廖寿恒
兵部左侍郎。	师曾
	童华
部右侍郎。	续昌十一月壬戌迁。文兴
	徐郙
	敬信十一月壬戌迁。续昌
泽户部右侍郎。	曾纪泽
部右侍郎。	熙敬十一月壬戌迁。敬信
	孙诒经
	嵩申十一月壬戌迁。熙敬
身吏部右侍郎。	许庚身七月壬子迁。孙毓
部右侍郎。	景善
	许应骙
	松溎
	潘祖荫
	昆冈
	张之万
	麟书
	彭玉麟六月甲辰病免。七
	乌拉喜崇阿
鸿藻礼部尚书。	李鸿藻
部尚书。	奎润
	翁同和
	福锟
	徐桐
	锡珍
	光绪十四年戊子

銮工部右侍郎。	汪鸣銮正月
	清安
仪工部左侍郎。	徐用仪正月
	乌拉布
	周德润
	贵恒二月王
	薛允升
	桂全
	孙家鼐正月
部右侍郎。	崇礼六月己
	廖寿恒二月
	师曾
	童华二月丙
礼部右侍郎。	文兴三月丁
	徐郙
礼部左侍郎。	续昌三月丁
	曾纪泽
户部右侍郎。	敬信三月丁
	孙诒经
户部左侍郎。	熙敬六月戊
汶吏部右侍郎。	孙毓汶正月
	景善三月丙
	许应骙
	松溎
	潘祖荫
	昆冈
	张之万正月
	麟书九月丙
月王子，许庚身补兵部尚书。	许庚身
	乌拉喜崇阿
	李鸿藻
	奎润
	翁同和
	福锟
	徐桐
	锡珍九月甲
	光绪十五年

王戌迁。徐树铭工部右侍郎。

王戌迁。汪鸣銮工部左侍郎。

午迁。甲申，清安刑部右侍郎。

王戌迁。徐用仪兵部右侍郎。二月丁酉迁
亥迁。巴克坦布兵部右侍郎。
丁酉迁。徐用仪兵部左侍郎。

申卒。廖寿恒礼部右侍郎。
卯迁。宝昌礼部右侍郎。十月丁酉降。景

卯迁。文兴礼部左侍郎。

卯迁。绶昌户部右侍郎。六月己亥迁。崇

戌迁。绶昌户部左侍郎。
辛酉迁。王戌，孙家鼐吏部右侍郎。
寅病免。敬信吏部右侍郎。

辛酉迁。孙毓汶刑部尚书。
辰迁。嵩申刑部尚书。

寅卒。麟书吏部尚书。
己丑

徐树铭	
清安二月甲申迁。丰	
汪鸣銮	
乌拉布十二月戊午卒	
周德润	
清安十二月戊午迁。	
薛允升	
桂全十二月丁巳卒。	
白桓	。白桓兵部右侍郎。
巴克坦布	
徐用仪二月丙寅迁。	
师曾	
廖寿恒十一月辛未迁	
景善	善礼部右侍郎。
徐郙十一月辛未迁。	
文兴	
曾纪泽闰月乙丑卒。	
崇礼	礼户部右侍郎。
孙诒经十一月癸酉卒	
续昌	
孙家鼐十一月己巳迁	
敬信	
许应骙	
松溎	
潘祖荫十一月戊辰卒	
昆冈二月庚辰迁。熙	
孙毓汶	
嵩申	
许庚身	
乌拉喜崇阿	
李鸿藻	
奎润二月己卯卒。庚	
翁同和	
福锟	
徐桐	
麟书	
光绪十六年庚寅	

烈工部右侍郎。十二月戊午迁。桂祥工部

。庚申，裕德工部左侍郎。

凤秀刑部右侍郎。

戊午，清安刑部左侍郎。

洪钧兵部左侍郎。

。钱应溥礼部右侍郎。己卯迁。李文田礼

廖寿恒礼部左侍郎。己卯迁。钱应溥礼部

丙寅，徐用仪户部右侍郎。

。己卯，廖寿恒户部左侍郎。

。徐郙吏部右侍郎。

。己巳，祁世长工部尚书。
敬工部尚书。

辰，昆冈礼部尚书。

徐树铭

右侍郎。 桂祥十一月庚午迁。崇光工部

汪鸣銮

裕德

周德润

凤秀

薛允升

清安

白桓六月丁酉病免。壬寅，沈

巴克坦布

洪钧

师曾

部右侍郎。 李文田

景善

左侍郎。 钱应溥

文兴迁。十一月己巳，启秀礼

徐用仪

崇礼

廖寿恒

续昌

徐郙

敬信

许应骙四月丁未迁。己酉，谭

松溎

祁世长

熙敬

孙毓汶

嵩申十一月丙子卒。丁卯，贵

许庚身

乌拉喜崇阿

李鸿藻

昆冈

翁同和

福锟

徐桐

麟书

光绪十七年辛卯

	徐树铭
右侍郎。	崇光八月甲申迁。志和
	汪鸣銮
	裕德
	周德润十月甲戌卒。丙
	凤秀三月戊寅迁。阿克
	薛允升
	清安
源深兵部右侍郎。	沈源深
	巴克坦布
	洪钧
	师曾
	李文田
	景善
	钱应溥
部左侍郎。	启秀八月壬申迁。长麟
	徐用仪六月戊子迁。张
	崇礼三月戊寅迁。立山
	廖寿恒八月壬申迁。张
	绶昌三月丙子病免。崇
	徐郙六月戊子迁。徐用
	敬信八月甲申迁。崇光
钟麟吏部左侍郎。	谭钟麟五月乙酉迁。六
	松淮八月甲申迁。敬信
	祁世长八月癸亥卒。王
	熙敬八月甲申迁。松淮
	孙毓汶
恒刑部尚书。	贵恒
	许庚身
	乌拉喜崇阿
	李鸿藻
	昆冈
	翁同龢
	福锟八月甲申迁。熙敬
	徐桐
	麟书
	光绪十八年壬辰

工部右侍郎。

子，李端棻刑部右侍郎。
丹刑部右侍郎。

礼部左侍郎。
荫桓户部右侍郎。八月壬申迁。陈学棻户
户部右侍郎。
荫桓户部左侍郎。
礼户部左侍郎。
仪吏部右侍郎。八月壬申迁。廖寿恒吏部
吏部右侍郎。
月戊子，徐郙吏部左侍郎。八月壬申迁。
吏部左侍郎。
申，孙家鼐工部尚书。
工部尚书。

户部尚书。

	徐树铭二月甲子迁。
	志和九月乙酉迁。英
	汪鸣銮
	裕德正月乙未迁。克
	李端棻十二月壬戌迁
	阿克丹正月乙未迁。
	薛允升十二月丁巳迁
	清安正月壬辰病免。
	沈源深二月壬戌病免
	巴克坦布五月壬午迁
	洪钧八月甲戌卒。戊
	师曾五月壬午休。巳
	李文田
	景善
	钱应溥
	长麟
部右侍郎。	陈学棻
	立山
	张荫桓
	崇礼
右侍郎。	廖寿恒
	崇光
徐用仪吏部左侍郎。	徐用仪
	敬信九月乙酉迁。寿
	孙家鼐
	松溎九月乙酉迁。怀
	孙毓汶十二月丁巳迁
	贵恒九月辛巳乞休。
	许庚身十二月庚戌卒
	乌拉喜崇阿
	李鸿藻
	昆冈
	翁同和
	熙敬
	徐桐
	麟书
	光绪十九年癸巳

徐会澧工部右侍郎。

年署。

们泰工部左侍郎。九月乙酉迁。凤鸣工部

。龙湛霖刑部右侍郎。

裕德刑部右侍郎。

。王戌，李端棻刑部左侍郎。

乙未，阿克丹刑部左侍郎。

。甲子，徐树铭兵部右侍郎。

。寿荫兵部右侍郎。九月乙酉迁。克们泰

寅，王文锦兵部左侍郎。

克坦布兵部左侍郎。

荫吏部左侍郎。

塔布工部尚书。

。薛允升刑部尚书。

乙酉，松溎刑部尚书。

。丁巳，孙毓汶兵部尚书。

	徐会澧
	英年
	汪鸣銮
左侍郎。	凤鸣
	龙湛霖
	裕德正月癸卯迁。文琳署。
	李端棻
	阿克丹
	徐树铭
兵部右侍郎。	克们泰正月癸卯迁。荣惠兵
	王文锦
	巴克坦布
	李文田
	景善正月壬寅休。志锐礼部
	钱应溥
	长麟十二月乙巳迁。刚毅礼
	陈学棻
	立山正月癸卯迁。克们泰户
	张荫桓
	崇礼正月癸卯迁。立山户部
	廖寿恒
	崇光八月乙丑迁。长萃吏部
	徐用仪
	寿荫八月乙丑迁。崇光吏部
	孙家鼐
	怀塔布
	薛允升
	松溎
	孙毓汶
	乌拉喜崇阿正月壬寅休。癸
	李鸿藻
	昆冈
	翁同和
	熙敬
	徐桐
	麟书
	光绪二十年甲午

十一月丙子补。

部右侍郎。

右侍郎。十一月壬午差。刚毅礼部右侍郎

部左侍郎。

部右侍郎。十一月假。十二月乙巳，长麟

左侍郎。

右侍郎。

左侍郎。

卯，敬信兵部尚书。

徐会	
英年	
汪鸣	
凤鸣	
龙堪	
文琳	
李端	
阿克	
徐树	
荣惠	
王文	
巴克	
李文	
溥善	。十二月乙巳迁。溥善礼部右侍郎。
钱应	
刚毅	
陈学	
长麟	户部右侍郎。
张荫	
立山	
廖寿	
长萃	
徐用	
崇光	
孙家	
怀塔	
薛允	
松淮	
孙毓	
敬信	
李鸿	
昆冈	
翁同	
熙敬	
徐桐	
麟书	
光绪	

遭十月癸巳迁。恽彦彬工部右侍郎。

銮六月己卯迁。许景澄工部左侍郎。

霖

棻

丹

铭十月甲申迁。吴廷芬兵部右侍郎。

錦十月甲申迁。徐树铭兵部左侍郎。

坦布

田十月己丑卒。癸巳，徐会遭礼部右侍郎。

十月乙酉迁。坤岫礼部右侍郎。

溥

十月乙酉迁。溥善礼部左侍郎。

棻

十月甲申革。乙酉，刚毅户部右侍郎。

桓

恒六月己卯迁。汪鸣銮吏部右侍郎。十月

仪

鼐

布

升

汶六月甲戌病免。己卯，徐郙兵部尚书。

六月庚寅迁。荣禄兵部尚书。

藻

和

六月庚寅迁。敬信户部尚书。

六月乙酉迁。庚寅，熙敬吏部尚书。

二十一年乙未

光绪	熙敬	徐桐	敬信	翁同	昆冈	李鸿	荣禄	徐郙	松溎	薛允	怀塔	孙家	崇光	徐用	长萃	王文	立山	张荫	刚毅	陈学	溥善	钱应	坤岫	徐会	巴克	徐树	荣惠	吴廷	阿克	李端	文琳	龙湛	凤鸣	许景	英年	恽彦
																甲申革。乙酉，王文锦吏部右侍郎。																				
																										。										

彬

澄

霖

棻

丹

芬五月壬戌迁。杨颐兵部右侍郎。

五月己酉迁。文林兵部右侍郎。

铭

坦布五月丁未病免。己酉，荣惠兵部左侍

澧十月辛卯迁。张英麟礼部右侍郎。

十二月辛酉迁。溥颋礼部右侍郎。

溥十月辛卯迁。徐会澧礼部左侍郎。

十二月辛酉迁。坤岫礼部左侍郎。

棻四月庚寅迁。溥良户部右侍郎。

桓

锦五月辛酉卒。壬戌，吴廷芬吏部右侍郎

十二月辛酉迁。溥善吏部右侍郎。

仪

鼐十月辛卯迁。许应骙工部尚书。

布四月庚寅迁。刚毅工部尚书。

升

藻十月辛卯迁。孙家鼐礼部尚书。

四月戊子迁。庚寅，怀塔布礼部尚书。

和

十月己丑迁。辛卯，李鸿藻吏部尚书。

二十二年丙申

	光绪	二十三年丁酉
	熙敬	
	李鸿藻	七月庚寅卒。壬辰，孙家鼐吏
	敬信	
	翁同和	
	怀塔布	
	孙家鼐	七月壬辰迁。许应骙礼部尚书
	荣禄	
	徐郙	
	松溎	七月乙未调。刚毅刑部尚书。
	薛允升	九月戊子降。廖寿恒刑部尚书。
	刚毅	七月乙未调。松溎工部尚书。
	许应骙	七月壬辰迁。钱应溥工部尚书
	崇光	
	徐用仪	
	溥善	
。	吴廷芬	八月甲戌开缺。戊寅，徐树铭
	立山	
	张荫桓	
	溥良	
	陈学棻	
	坤岫	
	徐会沣	九月戊子迁。张英麟礼部左侍
	溥颋	
	张英麟	九月戊子迁。唐景崇礼部右侍
郎。	荣惠	
	徐树铭	八月戊寅迁。杨颐兵部左侍郎
	文林	
	杨颐	八月戊寅迁。寿昌兵部右侍郎。
	阿克丹	
	李端棻	七月乙未迁。赵舒翘刑部左侍
	文琳	
	龙湛霖	
	凤鸣	
	许景澄	
	英年	
	恽彦彬	

郎。

。

郎。

郎。

吏部右侍郎。九月戊子迁。徐会沣吏部右

。

。

。

部尚书。

	恽彦彬闰月丁丑病免。己卯，杨儒
	英年
	许景澄
	凤鸣
	龙湛霖六月乙未病免。丁酉，梁仲
	文琳九月丁卯卒。坤岫刑部右侍郎
	赵舒翘八月辛丑迁。王寅，李培元
	阿克丹十二月乙丑迁。溥颋刑部左
	寿昌十月丁酉，徐致祥兵部右侍郎
	文林
	杨颐
	荣惠十二月辛巳迁。溥颋兵部左侍
	唐景崇
	溥颋六月庚午革。癸酉，萨廉礼部
	张英麟
	坤岫六月庚午革。癸酉，阔普通武
	陈学棻
	溥良
	张荫桓八月庚寅革。甲午，吴树梅
	立山
侍郎。	徐会澧六月庚午革。癸酉，李培元
	溥善
	徐用仪
	崇光
	钱应溥
	松溎
	廖寿恒八月辛丑迁。赵舒翘刑部尚
	刚毅四月甲辰迁。崇礼刑部尚书。
	徐郙
	荣禄四月甲辰迁。刚毅兵部尚书。
	许应骙六月庚午革。癸酉，李端棻
	怀塔布六月庚午革。癸酉，裕禄礼
	翁同和四月己酉罢。五月丁巳，王
	敬信
	孙家鼐
	熙敬
	光绪二十四年戊戌

工部右侍郎。

衡刑部右侍郎。

。

刑部左侍郎。十月癸未迁。徐承煜刑部左

侍郎。

。

郎。乙丑迁。阿克丹兵部左侍郎。

右侍郎。十二月庚辰迁。溥颋礼部右侍郎

礼部左侍郎。十月戊申迁。己酉，溥颋礼

户部左侍郎。

吏部右侍郎。八月壬寅迁。徐会沣吏部右

书。

礼部尚书。八月戊戌革。辛丑，廖寿恒礼

部尚书。八月甲午迁。启秀礼部尚书。

文韶户部尚书。

侍郎。

。

部左侍郎。十二月辛巳迁。裘惠礼部左侍

侍郎。

部尚书。

杨儒五月乙卯迁。袁世凯工部右侍郎
英年
许景澄五月乙卯迁。杨儒工部左侍郎
凤鸣
梁仲衡
坤岫
徐承煜
溥颋十月庚寅迁。崇勋刑部左侍郎。
徐致祥卒。四月丁亥，李殿林兵部右
文林
杨颐卒。四月辛卯，葛宝华兵部左侍
阿克丹
唐景崇正月癸酉差。瞿鸿禨礼部右侍
溥颐
张英麟
郎。
荣惠
陈学棻十一月己巳迁。吴廷棻户部右
溥良
吴树梅
立山
徐会沣五月乙卯迁。许景澄吏部右侍
溥善
徐用仪五月乙卯迁。徐会沣吏部左侍
崇光
钱应溥五月甲寅病免。乙卯，徐树铭
松溎
赵舒翘
崇礼
徐郙十一月己巳迁。徐用仪兵部尚书
刚毅
廖寿恒
启秀
王文韶
敬信
孙家鼐十一月戊辰病免。己巳，徐郙
熙敬
光绪二十五年己亥

。

。

侍郎。

郎。

郎。

侍郎。

郎。十一月己巳迁。陈学棻吏部右侍郎。

郎。十一月己巳迁。庚午，许景澄吏部左

工部尚书。

。

吏部尚书。

	袁世凯二月丙戌迁。戊子，华金寿
	英年迁。正月甲子，世续工部右侍
	杨儒
	凤鸣正月甲子卒。英年工部左侍郎
	梁仲衡
	坤岫五月甲寅迁。景沣刑部右侍郎
	徐承煜十二月壬戌革。戴鸿慈刑部
	崇勋
	李殿林闰月迁。庚申，陆宝忠兵部
	文林
	葛宝华
	阿克丹十二月庚申迁。贻谷兵部左
	瞿鸿禨九月丁丑迁。陆润庠礼部右
	溥顾九月辛卯，绵文礼部右侍郎，
	张英麟七月丙午迁。张百熙礼部左
	荣惠
	吴廷棻四月戊戌迁。华金寿户部右
	溥良九月辛卯迁。那桐户部右侍郎
	吴树梅
	立山三月辛酉，英年户部左侍郎。
	陈学棻七月丙午迁。张英麟吏部右
	溥善七月乙巳迁。溥顾吏部右侍郎
侍郎。	许景澄七月癸卯弃市。丙午，陈学
	崇光七月乙巳卒。溥善吏部左侍郎
	徐树铭四月戊戌卒。徐会沣工部尚
	松淮
	赵舒翘九月壬辰革留。十二月甲寅
	崇礼八月己卯迁。贵恒刑部尚书。
	徐用仪七月丙辰弃市。徐会沣兵部
	刚毅三月庚申迁。敬信兵部尚书。
	廖寿恒九月丙子病免。丁丑，鹿传
	启秀十二月壬戌革。丙寅，世续礼
	王文韶十月癸丑迁。鹿传霖户部尚
	敬信三月庚申迁。立山户部尚书。
	徐郙
	熙敬三月己未卒。庚申，刚毅吏部
	光绪二十六年庚子

工部右侍郎。四月戊戌迁。李端遇工部右

郎。三月辛酉迁。煜兴工部右侍郎。

。三月辛酉卒。世续工部左侍郎。九月乙

。

左侍郎。

右侍郎。

侍郎。

侍郎。

寻迁。八月庚辰，那桐礼部右侍郎。九月

侍郎。九月戊子迁。己丑，李绂藻礼部左

侍郎。八月壬午迁。吕海寰户部右侍郎。

。

八月己卯迁。桂春户部左侍郎。

侍郎。

。

棻吏部左侍郎。戊午迁。八月，华金寿吏

。

书。七月戊午迁。陈学棻工部尚书。九月

论斩。庚申，薛允升刑部尚书。

尚书。

八月己卯迁。裕德兵部尚书。

霖礼部尚书。十月癸丑迁。孙家鼐礼部尚

部尚书。

书。

五月逮。六月庚寅，崇绮户部尚书。八月

尚书。八月己卯交议。敬信吏部尚书。

侍郎。

亥迁。丙子，继禄工部左侍郎。

辛卯迁。溥頲七月壬寅迁。桂春礼部右侍
侍郎。

部左侍郎。

丁亥卒。戊子，瞿鸿机工部尚书。

书。

丁丑卒。己卯，崇礼户部尚书。

郎。

清史稿卷一九五

表第三六

部院大臣年表九下

光绪元年乙亥	理藩院尚书	理藩院左侍郎	理藩院右侍郎	都察院满左都御史	都察院汉左都御史	都察院满左副都御	都察院满左副都御	都察院汉左副都御	都察院汉左副都御
光绪二年丙子	理藩院尚书	理藩院左侍郎	理藩院右侍郎	都察院满左都御史	都察院汉左都御史	都察院满左副都御	都察院满左副都御	都察院汉左副都御	都察院汉左副都御
光绪三年丁丑	理藩院尚书	理藩院左侍郎	理藩院右侍郎	都察院满左都御史	都察院汉左都御史	都察院满左副都御	都察院满左副都御	都察院汉左副都御	都察院汉左副都御

史	唐王森十一月丙子病免。十二月丁酉，
史	童华迁。十一月丁酉，程祖诰左副都御史
史	文徵
史	奎润
	贺寿慈九月丙寅迁。徐桐左都御史。
	景廉正月癸亥迁。全庆左都御史。
	惠全
	桂全
	察杭阿

史	唐王森
史	童华
史	文徵
史	奎润
	贺寿慈
	景廉
	麟书十月甲寅迁。桂全理藩院右侍郎。
	德椿十月甲寅迁。麟书理藩院左侍郎。
	皂保十月甲寅迁。察杭阿理藩院尚书。

史	唐王森
史	童华
史	兴恩十一月己未迁。十二月辛未，奎润
史	惠林更名惠全。
	贺寿慈
	魁龄九月己亥迁。景廉左都御史。
	苏勒布五月戊戌迁。麟书理藩院右侍郎
	德椿
	皂保

陈兰	张沄卿左副都御史。
程祖	。
宝森	
崇勋	
童华	
志和	
铁祺	
阿昌	
察杭	
光绪	

张沄	
程祖	
崇勋	
锡珍	
翁同	
崇厚	
惠全	十一月乙未迁。惠全理藩院右侍郎。
桂全	十一月乙未迁。桂全理藩院左侍郎。
察杭	
光绪	

张沄	
程祖	
文澄	左副都御史。
奎润	
徐桐	
全庆	
惠全	。
桂全	
察杭	
光绪	

彬夏家镈仍署。

诺

十月壬戌迁。钟濂十一月戊子，左副都御

十月壬戌迁。麟书左都御史。

阿

阿十月壬戌卒。志和理藩院尚书。

六年庚辰

卿四月庚申迁。六月庚戌，贺寿慈左副都

诺

正月壬申，左副都御史。

正月戊辰迁。三月壬子，宝森左副都御史

和正月庚午迁。潘祖荫左都御史。三月乙

十一月癸巳开缺。辛卯，志和左都御史。

正月戊辰休。锡珍理藩院右侍郎。二月癸

五月甲午迁。阿昌阿理藩院左侍郎。

阿

五年己卯

卿

诺

十二月癸卯迁。

五月辛亥迁。六月己丑，锡珍左副都御史

五月戊辰迁。翁同和左都御史。

三月癸亥迁。恩承左都御史。五月辛亥迁

阿

四年戊寅

史。

御史。己未劾免。八月壬寅，陈兰彬左副

。

卯迁。童华左都御史。

未迁。阿昌阿理藩院右侍郎。五月甲午迁

。

。荣禄左都御史。癸亥迁。文煜左都御史

都御史，未任。丙午，夏家镈署。

。铁祺理藩院右侍郎。

。十二月癸卯迁。崇厚左都御史。志和署

光绪七年辛巳	光绪八年壬午	光绪九年癸未
志和十月癸酉迁。麟书理藩院尚书。	麟书	麟书二月甲寅迁。额勒和布理藩院尚书
阿昌阿	阿昌阿	阿昌阿
铁祺	铁祺休。正月辛亥，岳林理藩院右侍郎	岳林
麟书十月癸酉迁。乌拉喜崇阿左都御史。	乌拉喜崇阿	乌拉喜崇阿六月己巳迁。延煦左都御史
童华	童华正月辛亥免。毕道远左都御史。	毕道远
崇勋	崇勋十二月己巳革。	怀塔布正月丁未，左副都御史。
钟濂	钟濂五月戊申迁。七月，文晖左副都御	文晖
程祖诰五月癸巳休。七月辛未，曾纪泽	曾纪泽张家骧四月丙戌迁。王之翰署左	曾纪泽张佩纶仍署。
陈兰彬夏家镐四月乙巳迁。己酉，许庚	陈兰彬三月就任。	

。

。六月己巳迁。乌拉喜崇阿理藩院尚书。

副都御史。十一月癸巳休致。张佩纶署。

史。

。

身署左副都御史。十二月迁。周家楣署。

左副都御史。未任，徐用仪署。十二月癸

。

	白桓
	吴大澂
	志元
	英煦五月
	祁世长
	奎润
	岳林十二
	阿昌阿二
	昆冈二月
	光绪十二
	白桓六月
	吴大澂沈
	志元
	英煦正月
	祁世长
	奎润
	岳林
	阿昌阿
	昆冈
	光绪十一
	陈兰彬免
未改署。张家骧署左副都御史。	曾纪泽张
	文晖三月
	怀塔布十
	毕道远三
	延煦三月
	岳林
	阿昌阿
	乌拉喜崇
	光绪十年

戊申迁。七月戊戌，奕年左副都御史。

月卒。辛酉，绵宜理藩院右侍郎。

月庚辰病休。崇礼理藩院左侍郎。

甲戌迁。绍祺理藩院尚书。

年丙戌

庚辰差。胡瑞澜署左副都御史。八月差。

源深仍署。

庚午，左副都御史。

年乙酉

。八月乙亥，吴大澂左副都御史。沈源深

佩纶五月戊寅赴福建。胡瑞澜署左副都御

庚寅迁。四月己巳，志元左副都御史。

二月辛巳迁。

月庚寅迁。祁世长左都御史。

庚寅迁。昆冈左都御史。五月戊子迁。锡

阿三月庚寅迁。延煦理藩院尚书。五月戊

甲申

己巳，周家楣署。十一月丙申改署。戊申

署。

史。十月甲戌，曾纪泽迁。

珍左都御史。八月乙酉迁。奎润左都御史

子迁。昆冈理藩院尚书。

光绪十三年丁亥
绍祺
崇礼
绵宜十二月丁未
奎润二月辛亥迁 。
祁世长
奕年
志元
吴大澂
白桓

光绪十四年戊子
绍祺十一月戊午
崇礼三月癸亥迁
庆福
松森
祁世长
奕年
志元十二月辛丑
吴大澂
，徐树铭署左副都御史。 白桓

光绪十五年己丑
嵩申九月丙辰迁
恩棠
庆福
松森九月丙辰迁
祁世长
奕年
奕杕二月辛巳，
吴大澂迁。二月
白桓二月甲辰迁、

。三月癸酉，沈源深左副都御史。八月壬
丁亥，薛福食左副都御史。五月己酉病解
左副都御史。

。熙敬左都御史。

。松森理藩院尚书。

迁。

。恩棠理藩院左侍郎。
卒。嵩申理藩院尚书。

。松森左都御史。
迁。庆福理藩院右侍郎。

寅差。钱应溥署左副都御史。十一月丁未

。六月戊寅，徐致祥左副都御史。

张荫桓六月戊	迁。黄体芳署左副都御史。
徐致祥迁。八	
奕杕	
奕年	
孙家鼐八月壬	
怀塔布	
庆福	
凤鸣	
松森	
光绪十八年壬	
沈源深迁。五	
徐致祥五月差	
奕杕	
奕年	
孙家鼐	
贵恒迁。十一	
庆福	
凤鸣	
松森	
光绪十七年辛	
黄体芳	
徐致祥	
奕杕	
奕年	
祁世长十一月	
熙敬二月庚辰	
庆福	
恩棠十月乙卯	
松森	
光绪十六年庚	

子迁。闰月丙寅，杨颐左副都御史。
月丙子，薛福成左副都御史。未任，寿昌

申迁。徐郙左都御史。

辰

月己巳，张荫桓左副都御史。
。陈彝署左副都御史。十一月癸丑，孙楫署

月丁卯，怀塔布左都御史。

卯

己巳迁。孙家鼐左都御史。
迁。壬午，贵恒左都御史。

，凤鸣理藩院左侍郎。

寅

署。	寿昌
	杨颐
	奕杕
	奕年十二月乙酉病免。
	徐郙六月己卯迁。许应骙左
	裕德
	会章
	溥良
	启秀
	光绪二十一年乙未
左副都御史。	薛福成辛卯卒。八月甲子，
	杨颐
	奕杕
	奕年
	徐郙
	敬信正月癸卯迁。裕德左都
	庆福正月壬寅降。癸卯，会
	志和正月壬寅休。癸卯，溥
	松森正月壬寅休。癸卯，崇
	光绪二十年甲午
	薛福成寿昌仍署。
	杨颐
	奕杕
	奕年
	徐郙
	怀塔布九月乙酉迁。敬信左
	庆福
	凤鸣九月乙酉迁。志和理藩
	松森
	光绪十九年癸巳

都御史。

寿昌左副都御史。

御史。

章理藩院右侍郎。

良理藩院左侍郎。

礼理藩院尚书。八月甲子迁。乙丑，启秀

都御史。

院左侍郎。

	徐承煜十月癸未迁。十一月
	杨儒迁。五月戊午，曾广汉
	奕杕
	良培
	徐树铭
	裕德八月甲午迁。丙申，怀
	会章
	绵宜正月癸丑卒。甲寅，清
	启秀八月甲午迁。裕德理藩
	光绪二十四年戊戌
	寿昌八月迁。九月甲辰，徐
	杨儒
	奕杕
	良培
	钱应溥七月壬辰迁。廖寿恒
	裕德
	会章
	绵宜
理藩院尚书。	启秀
	光绪二十三年丁酉
	寿昌
	杨颐五月壬戌迁。杨儒左副
	奕杕
	良培正月乙丑，左副都御史
	许应骙十月辛卯迁。钱应溥
	裕德
	会章
	溥良四月庚寅迁。绵宜理藩
	启秀
	光绪二十二年丙申

壬戌，葛宝华左副都御史。

左副都御史。六月庚午革。癸酉，曾广銮

塔布左都御史。

锐理藩院左侍郎。

院尚书。

承煜左副都御史。

左都御史。九月戊子迁。徐树铭左都御史

都御史。未任，冯文蔚署左副都御史。十

。

左都御史。

院左侍郎。

左副都御史。	
	李端遇四月戊
	曾广銮
	奕杕
	庆福十一月己
。	徐会沣四月戊
	怀塔布八月丁
	会章
	景沣五月甲寅
	裕德八月丁卯
	光绪二十六年
	葛宝华四月辛
二月卒。壬戌，陆宝忠署。	曾广銮
	奕杕
	良培六月假。
	徐树铭五月乙
	怀塔布
	会章
	清锐九月辛酉
	裕德
	光绪二十五年

戌迁。五月戊申。何乃莹左副都御史。

巳，成章左副都御史。
戌迁。吴廷芬左都御史。九月丙午病免。
卯迁。英年左都御史。九月壬辰革，寻论。

迁。那桐理藩院左侍郎。八月庚辰迁。寿
迁。怀塔布理藩院尚书。十二月戊戌卒。
庚子

卯迁。五月庚戌，李端遇左副都御史。

七月癸丑，庆福左副都御史。
卯迁。徐用仪左都御史。十一月己巳迁。

迁。景沣理藩院左侍郎。

己亥

鹿传霖左都御史。九月丁丑迁。瞿鸿玑左

斩。溥良左都御史。

耆理藩院左侍郎。

辛丑，世续理藩院尚书。十二月丙寅迁。

徐会沣左都御史。

都御史。九月戊子迁。张百熙补

阿克丹理藩院尚书。

清史稿卷一九六

表第三七

部院大臣年表十

光绪二十七年辛丑	六月癸
外务部总理大臣	奕劻六
外务部会办大臣	王文韶
外务部尚书	瞿鸿机
吏部满尚书	敬信
吏部汉尚书	徐传三
户部满尚书	崇礼
户部汉尚书	鹿传霖
礼部满尚书	世续
礼部汉尚书	孙家鼐
兵部满尚书	裕德
兵部汉尚书	徐会澧
刑部满尚书	贵恒
刑部汉尚书	薛允升
工部满尚书	松溎
工部汉尚书	瞿鸿机
理藩院尚书	阿克丹
都察院满左都御史	溥良
都察院汉左都御史	张百熙
外务部左侍郎	徐寿朋
外务部右侍郎	联芳六
吏部满左侍郎	溥善
吏部汉左侍郎	李殿林
吏部满右侍郎	溥顾
吏部汉右侍郎	张英麟
户部满左侍郎	桂春
户部汉左侍郎	吴树梅
户部满右侍郎	那桐
户部汉右侍郎	吕海寰
礼部满左侍郎	荣惠
礼部汉左侍郎	李绂藻
礼部满右侍郎	绵文
礼部汉右侍郎	陆润庠
兵部满左侍郎	贻谷
兵部汉左侍郎	葛宝华
兵部满右侍郎	文林
兵部汉右侍郎	陆宝忠
刑部满左侍郎	崇勋
刑部汉左侍郎	戴鸿慈
刑部满右侍郎	景沣
刑部汉右侍郎	梁仲衡
工部满左侍郎	济禄
工部汉左侍郎	杨儒十
工部满右侍郎	煜兴
工部汉右侍郎	李端遇
理藩院左侍郎	寿耆
理藩院右侍郎	会章
都察院满左副都御史	成章
都察院满左副都御史	奕杕
都察院汉左副都御史	曾广銮
都察院汉左副都御史	何乃莹

七月戊寅免。壬午，张仁黼左副都御史。

五月己巳，陈邦瑞工部右侍郎。十月丙申迁。梁仲衡工部右侍

二月甲寅迁。梁仲衡工部左侍郎。

十月丙申迁。沈家本刑部右侍郎。

六月乙巳迁。李昭炜兵部左侍郎。

十二月甲寅迁。朱祖谋礼部右侍郎。

六月甲辰迁。乙巳，葛宝华户部右侍郎。十月丙申迁。陈邦瑞

十二月癸丑病免。甲寅，杨儒户部左侍郎。

月癸卯，外务部右侍郎。
六月癸卯，外务部左侍郎。

六月癸卯迁。吕海寰左都御史。十二月甲寅迁。陆润庠左都御

六月癸卯迁。甲辰，张百熙工部尚书。十月丙申迁。葛宝华工

十月乙未卒。丙申，张百熙刑部尚书。十二月甲寅迁。葛宝华

三月癸巳迁。徐郙礼部尚书。

月癸巳迁。孙家鼐吏部尚书。十二月甲寅迁。张百熙吏部尚书

六月癸卯，外务部尚书。
六月癸卯，外务部会办大臣。
月癸卯，外务部总理大臣。
丑设外务部

	张仁黼
	曾广銮
	奕杕
	成章
	会章
	寿耆
郎。十二月甲寅迁。	秦绶章
	煜兴
	梁仲衡正月甲戌迁
	济禄四月癸巳迁。
	沈家本正月甲戌迁
	景沣十二月甲辰迁
	戴鸿慈正月甲戌迁
	崇勋
	陆宝忠
	文林
	李昭炜
	贻谷
	朱祖谋
	绵文
	李绂藻
	荣惠二月癸卯迁。
户部右侍郎。	陈邦瑞正月甲戌迁
	那桐
	杨儒卒。正月癸酉
	桂春十二月甲辰迁
	张英麟
	溥颋四月癸巳，继
	李殿林
	溥善
	联芳
	徐寿朋
史。	陆润庠
	溥良
	阿克丹
部尚书。十二月甲寅迁。吕海寰工部尚书。	吕海寰正月，葛宝
	松溎
刑部尚书。	葛宝华
	贵恒十二月甲辰病
	徐会沣
	裕德
	徐郙
	世续
	鹿传霖
	崇礼
。	张百熙
	敬信
	瞿鸿机
	王文韶
	奕劻
	光绪二十八年壬寅

	都察院汉左副都御史	张仁黼
	都察院汉左副都御史	曾广銮
	都察院满左副都御史	奕杕
	都察院满左副都御史	成章
	理藩院右侍郎	儒林正月辛巳迁。
	理藩院左侍郎	寿耆
	工部汉右侍郎	秦绶章
	工部满右侍郎	溥兴八月癸酉迁。
	工部汉左侍郎	唐景崇
	工部满左侍郎	松寿三月乙丑迁。
	刑部汉右侍郎	胡燏棻
。盛宣怀工部左侍郎。	刑部满右侍郎	孚琦
松寿工部左侍郎。	刑部汉左侍郎	沈家本
。梁仲衡刑部右侍郎。	刑部满左侍郎	崇勋
。孚琦刑部右侍郎。	兵部汉右侍郎	陆宝忠
。沈家本刑部左侍郎。	兵部满右侍郎	文林九月壬午病免
	兵部汉左侍郎	李昭炜
	兵部满左侍郎	贻谷八月壬戌迁。
	礼部汉右侍郎	朱祖谋
	礼部满右侍郎	绵文
	礼部汉左侍郎	李绂藻
	礼部满左侍郎	特图慎
	户部汉右侍郎	戴鸿慈
	户部满右侍郎	那桐五月乙卯迁。
特图慎礼部左侍郎。	户部汉左侍郎	陈邦瑞
。戴鸿慈户部右侍郎。	户部满左侍郎	景沣
	吏部汉右侍郎	张英麟
，陈邦瑞户部左侍郎。	吏部满右侍郎	继禄
。景沣户部左侍郎。	吏部汉左侍郎	李殿林
	吏部满左侍郎	溥善
禄吏部右侍郎。	商部右侍郎	陈璧七月戊戌，商
	商部左侍郎	伍廷芳七月戊戌，
	外务部右侍郎	联芳五月丙辰迁。
	外务部左侍郎	徐寿朋五月卒。丙
	都察院左都御史	陆润庠
	都察院左都御史	溥良八月丙申迁。
	理藩院尚书	阿克丹
	工部汉尚书	吕海寰未任。葛宝
华兼署工部尚书。	工部满尚书	松溎
	刑部汉尚书	葛宝华
	刑部满尚书	荣庆　月壬申迁。
免。荣庆刑部尚书。	兵部汉尚书	徐会沣
	兵部满尚书	裕德
	礼部汉尚书	徐郙
	礼部满尚书	世续八月壬申迁。
	户部汉尚书	鹿传霖
	户部满尚书	崇礼四月辛亥迁。
	吏部汉尚书	张百熙
	吏部满尚书	敬信八月壬申迁。
	商部尚书	载振七月戊戌，商
	外务部尚书	瞿鸿机
	外务部会办大臣	王文韶九月丙申免
	外务部总理大臣	奕劻
	光绪二十九年癸卯	七月戊戌设商部

清锐理藩院右侍郎。九月丁酉迁。戊戌，坤岫理藩院右侍郎。

甲戌，溥颋工部右侍郎。

崇寿工部左侍郎。

。庚戌，恩顺兵部右侍郎。

癸亥，增崇兵部左侍郎。

铁良户部右侍郎。

部右侍郎。十一月丁未迁。顾肇新商部右侍郎。
商部左侍郎。十一月丁未迁。陈璧商部左侍郎。
顾肇新外务部右侍郎。十一月丁未迁。伍廷芳外务部右侍郎。
辰，联芳外务部左侍郎。

九月丁酉，清锐左都御史。

华兼署。

奎俊刑部尚书。

荣庆礼部尚书。丙申迁。溥良礼部尚书。

五月乙卯，那桐户部尚书。

世续吏部尚书。
部尚书。

。那桐为外务部会办大臣。

张仁黼	
曾广銮	
奕杕	
成章	
坤岫	
寿耆	
秦绶章	四月癸亥迁。李绂藻工部右侍郎。
溥钧	
唐景崇	
崇寿	
胡燏棻	
孚琦	
沈家本	
崇勋	
陆宝忠	
恩顺	
李昭炜	四月癸亥迁。秦绶章兵部左侍郎。未任，徐世昌署。
增崇	四月癸亥迁。铁良兵部左侍郎。
朱祖谋	
绵文	
李绂藻	
特图慎	
戴鸿慈	
铁良	四月癸亥迁。增崇户部右侍郎。
陈邦瑞	
景沣	
张英麟	
继禄	
李殿林	
溥善	正月丙申，继禄吏部左侍郎。
顾肇新	
陈璧	
伍廷芳	
联芳	
陆润庠	
清锐	十月戊申迁。溥颋左都御史。
阿克丹	正月卒。丁卯，奎俊理藩院尚书。八月壬申迁。溥兴
吕海寰	未任，葛宝华七月免兼署。鹿传霖调署工部尚书。
松溎	
葛宝华	
奎俊	
徐会澧	
裕德	十月丁未迁。戊申，长庚兵部尚书。
徐郙	
溥良	
鹿传霖	十月，调署工部。赵尔巽署户部尚书。
荣庆	
张百熙	
世续	
载振	
瞿鸿禨	
那桐	
奕劻	
光绪三十年甲辰	

	光绪三十一年乙巳	九月庚辰设巡警部十一月己
	外务部总理大臣	奕劻
	外务部会办大臣	那桐
	外务部尚书	瞿鸿禨
	商部尚书	载振
	吏部满尚书	世续 六月己未迁。奎俊吏部
	吏部汉尚书	张百熙 四月丙午调。鹿传霖
	户部满尚书	荣庆 十一月己卯调。铁良户
	户部汉尚书	鹿传霖 赵尔巽仍署。四月丙
	礼部满尚书	溥良
	礼部汉尚书	徐郙
	学部尚书	荣庆 十一月己卯，学部尚书
	兵部满尚书	长庚 六月庚戌迁。铁良兼署
	兵部汉尚书	徐会沣 十二月己酉卒。庚戌
	刑部满尚书	奎俊 六月己未迁。溥兴刑部
	刑部汉尚书	葛宝华
	巡警部尚书	徐世昌
理藩院尚书。	工部满尚书	松溎
	工部汉尚书	吕海寰 十二月庚戌迁。陆润
	理藩院尚书	溥兴 六月己未迁。特图慎理
	都察院满左都御史	溥颋 正月乙未迁。特图慎左
	都察院汉左都御史	陆润庠 十二月庚戌迁。陆宝
	外务部左侍郎	联芳
	外务部右侍郎	伍廷芳
	商部左侍郎	陈璧
	商部右侍郎	顾肇新
	吏部满左侍郎	溥善 正月丙申，继禄吏部左
	吏部汉左侍郎	李殿林
	吏部满右侍郎	继禄 正月丙申迁。寿耆吏部
	吏部汉右侍郎	张英麟
	户部满左侍郎	景沣
	户部汉左侍郎	陈邦瑞
	户部满右侍郎	增崇 五月己亥迁。铁良户部
	户部汉右侍郎	戴鸿慈
	礼部满左侍郎	特图慎 十一月庚寅迁。萨廉
	礼部汉左侍郎	李绂藻
	礼部满右侍郎	绵文
	礼部汉右侍郎	朱祖谋
	学部左侍郎	熙瑛 十一月己卯，学部左侍
	学部右侍郎	严修 十一月己卯，署学部右侍
	兵部满左侍郎	铁良 五月己亥迁。增崇兵部
	兵部汉左侍郎	秦绶章
	兵部满右侍郎	恩顺
	兵部汉右侍郎	陆宝忠 十二月迁。壬子，张
	刑部满左侍郎	崇勋
	刑部汉左侍郎	沈家本
	刑部满右侍郎	孚琦
	刑部汉右侍郎	胡燏棻
	巡警部左侍郎	毓朗 九月庚辰，巡警部左侍
	巡警部右侍郎	赵秉钧 九月庚辰，署巡警部
	工部满左侍郎	崇寿
	工部汉左侍郎	胡燏棻 十月己未，工部左侍
	工部满右侍郎	溥铜
	工部汉右侍郎	李昭炜
	理藩院左侍郎	寿耆 正月丙申迁。丁酉，明
	理藩院右侍郎	坤岫
	都察院满左副都御史	成章 正月丁酉，台布左副都
	都察院满左副都御史	奕杭
	都察院汉左副都御史	曾广銮
	都察院汉左副都御史	张仁黼

御史。
启理藩院左侍郎。
郎。
左侍郎。
郎。
仁龢兵部右侍郎。甲子迁。张亨嘉兵部右侍郎。
左侍郎。六月庚申迁。景厚兵部左侍郎。
侍郎。
郎。十二月壬戌卒。甲子，张仁龢学部左侍郎。
礼部左侍郎。
右侍郎。十一月己卯迁。柯逢时户部右侍郎。未任，绍英署。
右侍郎。六月庚申迁。增崇吏部右侍郎。
侍郎。
忠左都御史。
都御史。六月己未迁。庚申，寿耆左都御史。
藩院尚书。
庠工部尚书。
尚书。
，吕海寰兵部尚书。
。十一月己卯迁。松寿兵部尚书。
。
午迁。张百熙户部尚书。
部尚书。
吏部尚书。
尚书。
卯设学部

光绪三十二年丙午	九月乙卯，定设外务部、吏部、民政部、
外务部总理大臣	奕劻
外务部会办大臣	那桐
外务部尚书	瞿鸿禨
吏部尚书	鹿传霖九月乙卯，专为吏部尚书。
民政部尚书	徐世昌九月乙卯，专为民政部尚书。
度支部尚书	溥颋九月乙卯，专为度支部尚书。
礼部尚书	溥良九月乙卯，专为礼部尚书。
学部尚书	荣庆九月乙卯，专为学部尚书。
陆军部尚书	铁良九月乙卯，专为陆军部尚书。
法部尚书	戴鸿慈九月乙卯，专为法部尚书。
农工商部尚书	载振
邮传部尚书	张百熙九月乙卯，专为邮传部尚书。
理藩部尚书	寿耆九月乙卯，专为理藩部尚书。
都察院都御史	陆宝忠九月乙卯，专为都察院都御史。
外务部左侍郎	联芳
外务部右侍郎	唐绍仪九月乙卯迁。汪大燮外务部右侍郎
吏部左侍郎	陈邦瑞九月乙卯，吏部左侍郎。
吏部右侍郎	唐景崇九月乙卯，吏部右侍郎。
民政部左侍郎	毓朗九月乙卯，民政部左侍郎。
民政部右侍郎	赵秉钧九月乙卯，民政部右侍郎。
度支部左侍郎	绍英九月乙卯，度支部左侍郎。
度支部右侍郎	陈璧九月乙卯，度支部右侍郎。
礼部左侍郎	张亨嘉九月乙卯，礼部左侍郎。
礼部右侍郎	景厚九月乙卯，礼部右侍郎。
学部左侍郎	严修九月乙卯，仍学部左侍郎。
学部右侍郎	达寿九月乙卯，仍学部右侍郎。
陆军部左侍郎	寿勋九月乙卯，陆军部左侍郎。
陆军部右侍郎	荫昌九月乙卯，陆军部右侍郎。
法部左侍郎	绍昌九月乙卯，法部左侍郎。
法部右侍郎	张仁黼九月乙卯，法部右侍郎。
农工商部左侍郎	唐文治九月乙卯，农工商部左侍郎。十月
农工商部右侍郎	顾肇新九月乙卯，农工商部右侍郎。十二
邮传部左侍郎	唐绍仪九月乙卯，邮传部左侍郎。
邮传部右侍郎	胡燏棻九月乙卯，邮传部右侍郎。十一月
理藩部左侍郎	坤岫九月乙卯，理藩部左侍郎。
理藩部右侍郎	恩顺九月乙卯，理藩部右侍郎。
都察院副都御史	伊克坦九月乙卯，都察院副都御史。
都察院副都御史	陈名侃九月乙卯，都察院副都御史。

卒。乙未，吴重熹邮传部右侍郎

月卒。杨士琦农工商部右侍郎。

忧免。熙彦农工商部左侍郎。

。未任前，绍仪仍兼署。

度支部、礼部、学部、陆军部、法部、农工商部、邮传部、理

藩部，各设尚书一，侍郎二；都察院设都御史一，副都御史二，均不分满汉。户、兵、刑部均改名。裁工部。

清史稿卷一九七
表第三七

疆臣年表序　疆臣年表一 各省总督　河督漕督附

一国治乱，君相尸之。一方治乱，岳伯尸之。清制：疆帅之重，几埒宰辅。选材特慎，部院莫拟，盖以此也。开国而后，戡藩拓边，率资其用。同治中兴，光绪还都，皆非疆帅无与成功。宣统改元，始削其权，则不国矣。唐之方镇，元之行省，史不表人，识者病之。今表疆臣，先列督、抚，附以河、漕。东三省外，北尽蒙、疆，西极回、藏，将军、都统，参赞、办事大臣有专地者，皆如疆帅，今并著焉。

顺治元年甲申	
天津	骆养性　六月己未。总督天津军务。
宣大山西	吴孳昌　七月壬辰。总督宣大、山西。
总河	杨方兴　七月甲辰，总督河道。

	总河	杨方兴
	总漕	王文奎五月庚寅，兼
	湖广四川	罗绣锦十一月壬子，
	浙闽	张存仁十一月壬子，
	陕西三边	王文奎四月辛酉，总
	宣大山西	吴孳昌革。二月己未，
	淮扬	王文奎五月庚寅，总
十月甲子罢。	天津	
	顺治二年乙酉	

督漕运。

总督湖广、四川。

总督浙江、福建，由浙江总督迁。

督陕西。甲戌，孟乔芳代。

李鉴总督宣大。九月壬申降。十月癸未，马国

督淮扬。

	顺治三年丙戌		顺治四年丁亥十一	
	宣大山西	马国柱	江南江西河南	马国
	陕西三边	孟乔芳	宣大山西	马国
柱代。	浙闽	张存仁	陕西三边	孟乔
	湖广四川	罗绣锦	浙闽	张存
	总河	王文奎	湖广	罗绣
	淮扬	杨方兴	四川	
			两广	佟养
			淮扬	王文
			总河	杨方

兴

奎正月庚戌罢。乙卯，杨声远总督淮扬。十月

甲五月癸丑，补两广总督，兼巡抚广东。

锡

仁十二月壬申病免。陈锡总督浙闽。

芳

柱七月戊午调。申朝纪总督宣大、山西。

柱七月戊午，总督江南、江西、河南。

月戊午，增四川总督。

	顺治五年戊子	
	江南江西河南	马国
	宣大山西	申朝
	陕西三边	孟乔
	浙闽	陈锦
	湖广	罗绣
	四川	
	两广	佟养
庚辰罢。癸未，吴惟华代。	淮扬	吴惟
	总河	杨方

兴

华

甲

锦

芳

纪三月丙午卒。辛酉，耿焞总督宣大、山西。十

柱

顺治六年己丑	
直隶山东河南	
江南江西	二月乙未罢。丁酉，佟养量代。
宣大山西	
陕西三边	
浙闽	
湖广	
四川	
两广	
淮扬	
总河	

杨方兴
吴惟华
佟养甲
罗绣锦
陈锦
孟乔芳
佟养量
马国柱
张存仁八月辛亥,总督直隶、山东、河南,巡抚

	顺治七年庚寅		顺治八年辛卯
保定。	直隶山东河南	张存仁	直隶山东河南
	江南江西	马国柱	江南江西
	宣大山西	佟养量	宣大山西
	陕西三边	孟乔芳	陕西三边
	浙闽	陈锦	浙闽
	湖广	罗绣锦	湖广
	四川		四川
	两广	佟养甲	两广
	淮扬	吴惟华	总漕
	总河	杨方兴	总河

杨方兴
吴惟华三月庚子罢。四月辛酉，王文奎总督
佟养甲殉难。
罗绣锦
陈锦
孟乔芳
佟养量九月己丑免。十月壬戌留任。
马国柱
张存仁十月庚申，马光辉总督直隶、山东、河

南。

漕运。

顺治九年壬辰	
直隶山东河南	马光辉
江南江西	马国柱
宣大山西	佟养量
陕西三边	孟乔芳
浙闽	陈锦七月丙子被刺。九
湖广	罗绣锦七月己丑卒。戊
四川	
两广	
总漕	王文奎
总河	杨方兴

顺治十年癸巳		
直隶山东河南	马	
江南江西	马	
宣大山西	佟	
川陕三边	孟	
浙闽	刘	月甲申，刘清泰总督浙闽。
湖广	祖	戊，祖泽远总督湖广、四川。
两广	李	
总漕	王	
总河	杨	
湖广两广云贵	洪	

顺治十一年甲午		
直隶山东河南	马光辉	
江南江西	马国柱	
宣大山西	佟养量	
川陕三边	孟乔芳	六月乙巳，兼督四川。
浙闽	刘清泰	
湖广	祖泽远	六月乙巳，专督湖广。
两广	李率泰	六月壬子，两广总督。
总漕	王文奎	
总河	杨方兴	
湖广两广云贵	洪承畴	五月，总督军务。

承晖

方兴

文奎 九月辛亥降。

率泰

泽远

清泰 七月甲辰病免。丙辰，屯泰总督浙闽。

乔芳 正月壬辰卒。甲寅，金砺总督川陕、三边。

养量 二月庚午免。壬午，马鸣佩总督宣大、山

国柱 九月丁未休。十月，马鸣佩总督江南、江

光辉 二月壬午病免。庚寅，李荫祖总督直隶、

	山东、河南。
	西。
	西。十月调。马之先代。
顺治十二年乙未	直隶山东河南李荫祖
	江南江西马鸣佩
	宣大山西马之先
	川陕三边金砺
	浙闽屯泰
	湖广祖泽远
	两广李率泰
	总漕蔡士英
	总河杨方兴
	湖广两广云贵洪承畴

顺治十三年丙申		
	直隶山东河南	李荫祖十二月乙
	江南江西	马鸣佩闰五月己
	宣大山西	马之先三月癸巳
	川陕	金砺二月己巳休。
	浙闽	屯泰二月庚午召。
	湖广	祖泽远九月己巳
	两广	李率泰二月庚午
总督漕运。	总漕	蔡士英
	总河	杨方兴
	湖广两广云贵	洪承畴

调。王国光总督两广。

降。十月甲午，胡全才总督湖广。十一月丙辰

李率泰总督浙闽。

三月癸巳，马之先总督川陕。

调。五月己亥，张悬锡总督宣大。

西病免。己未，郎廷佐总督江南、江西。

未调。

顺治十四年丁酉	
直隶山东河南	张
江南江西	郎
宣大	张
川陕	马
浙闽	李
湖广	李 卒。十二月乙未，李荫祖代。
两广	王
总漕	蔡
总河	杨
湖广两广云贵	洪

承畴六月辛丑召。
方兴五月癸亥卸。七月庚申，朱之锡总督河
士英八月戊戌召。九月辛丑，亢得时总督漕
国光
荫祖
举泰
之光八月丁丑卒。九月辛丑，李国英总督川
悬锡正月乙卯调。庚申，卢崇峻总督宣大。
廷佐
悬锡正月乙卯，总督直隶、山东、河南。

道。	总河	朱之锡
运，巡抚凤阳。	总漕	亢得时
	两广	王国光六月丙
	湖广	李荫祖
	浙闽	李率泰七月甲
陕。	川陕	李国英
	宣大	卢崇峻
	江南江西	郎廷佐
	直隶山东河南	张悬锡五月丁
	顺治十五年戊	戌五月，裁直隶

子病免。辛巳，李栖凤总督两广。

子，改福建总督，赵国祚总督浙江。

西降。

总督。七月，裁宣大总督。己未，分设福建、浙江

总督。	顺治十六年己亥	
	江南江西	郎廷佐
	川陕	李国英
	福建	李率泰
	浙江	赵国祚
	湖广	李荫祖
	两广	李栖凤
	云贵	赵廷臣 正月癸丑，总督云贵。
	总漕	亢得时 七月庚辰，溺死。八月
	总河	朱之锡 假。十二月丙午，杨茂

总河	勛署河道总督。
总漕	祭已，蔡士英总督漕运，巡抚凤阳。
云贵	
两广	
湖广	
浙江	
福建	
川陕	
江南江西	
顺治十七	

年 庚子
郎廷佐
李国英
李率泰
赵国祚
李荫祖 二月壬辰病免。四月甲午，张长庚总
李栖凤
赵廷臣
蔡士英
杨茂勋 六月戊子调。癸巳，白色纯署河道总

督。七月己未，苗澄代署。十二月，朱之锡回任。

督湖广。

顺治	十八年辛丑
直隶	苗澄 十月戊申，直隶总督。
江南	郎廷佐
山东	赵国祚 九月丁亥，山东总督。十月乙卯
山西	祖泽溥 九月丁亥，山西总督。十月乙卯
河南	刘清泰 九月丁亥，河南总督。
川陕	李国英 改四川。
陕西	白如梅 九月丁亥，陕西总督。
福建	李率泰
浙江	赵国祚 调。九月丁亥，赵臣浙江总督。
江西	张朝璘 九月丁亥，江西总督。
湖广	张长庚
四川	李国英 九月丁亥，四川总督。
两广	李栖凤 改广东。
广东	李栖凤 九月丁亥，广东总督。十二月丙
广西	于时跃 九月丁亥，广西总督。
云贵	赵廷臣 改浙江。
云贵	卞三元 九月丁亥，云贵总督。
贵州	佟延年 十月戊申，贵州总督。寻免。十二
漕总	蔡士英 病免。十月己酉，林起龙漕运总
总河	朱之锡

督。		
月癸酉，杨茂勋代。		
	总河	朱之锡
	总漕	林起龙
	贵州	杨茂勋
午免。丁巳，卢崇峻代。	云南	卞三元
	广西	于时跃
	广东	卢崇峻
	四川	李国英
	湖广	张长庚
	江西	张朝璘
	浙江	赵廷臣
	福建	李率泰
	陕西	白如梅
	河南	刘清泰
调。赵国祚代。	山西	赵国祚　二月辛亥
调。祖泽溥代。	山东	祖泽溥
	江南	郎廷佐
	直隶	苗澄
	康熙元年壬寅	

康熙二年癸卯		
直隶	苗澄	
江南	郎廷佐	
山东	祖泽溥	
山西	白秉真	免。庚申，白秉真山西总督。
河南	刘清泰	
陕西	白如梅	
福建	李率泰	
浙江	赵廷臣	
江西	张朝璘	
湖广	张长庚	
四川	李国英	
广东	卢崇峻	
广西	于时跃十二	
云南	卞三元	
贵州	杨茂勋	
总漕	林起龙	
总河	朱之锡	

康熙三年甲辰	直隶	江南	山东	山西	河南	陕西	福建	浙江	江西	湖广	四川	广东	广西	云南	贵州	总漕	总河
	苗澄	郎廷佐	祖泽溥	白秉真	刘清泰	白如梅	李率泰六	赵廷臣	张朝璘	张长庚	李国英	卢崇峻	屈尽美	卞三元	杨茂勋	林起龙	朱之锡
													月辛酉卒。屈尽美广西总督。				

康熙	四	
直隶	苗	
江南	郎	
山东	祖	
山西	白	
河南	刘	
陕西	白	
福建	朱	月丁酉病免。己酉，朱昌祚福建总督。
浙江	赵	
江西	张	
湖广	张	
四川	李	
广东	卢	
广西	屈	
云南	卞	
贵州	杨	
漕总	林	
河总	朱	

之锡

起龙

茂勋

三元

尽美

崇峻忧免。二月癸未，卢兴祖广东总督。

国英

长庚

朝璘

廷臣

昌祚迁。

如梅

清泰五月癸卯疾免。

秉真

泽溥五月己亥疾免。

廷佐

澄六月丙辰，朱昌祚直隶山东河南总督。

年乙巳五月丁未，裁山西、江西、广西、贵州总

康熙五年丙午		督，设直隶、山东、河南总督。
直隶三省	朱昌祚	
两江	郎廷佐	
山陕	白如梅	
福建	张朝璘	
浙江	赵廷臣	
湖广	张长庚	
四川	李国英	
两广	卢兴祖	
云贵	卞三元	
总漕	林起龙	
总河	朱之锡	

卒。三月丙申，卢崇峻河道总督。十一月己亥，

十一月己卯，苗澄四川总督。

正月己酉，福建总督。

十月庚戌罢。十一月辛卯，卢崇峻山陕总督。

十二月庚申罢。

	康熙六年丁未	
	直隶三省	白秉真正月己卯，直隶
	两江	郎廷佐
	山陕	卢崇峻十二月乙亥，忧
	福建	张朝璘休。三月丙申，祖
	浙江	赵廷臣
	湖广	张长庚
	四川	苗澄十一月甲子免。
	两广	卢兴祖十一月丙辰，畀
	云贵	卞三元
	总漕	林起龙降。五月庚戌，屈
杨茂勋代。	总河	杨茂勋

康熙七年戊		
直隶三省	白	山东河南总督。
两江	郎	
山陕	莫	免。
福建	祖	泽溥福建总督。
浙江	赵	
湖广	张	
四川	刘	
两广	周	十二月丁亥，周有德两广总督。
云贵	卞	
总漕	屈	尽美漕运总督。
总河	杨	

茂勋

尽美

三元十二月丙寅告养。己卯，甘文焜云贵总

有德

兆麒正月戊申，四川总督。

长庚

廷臣

泽溥

洛正月戊申，山陕总督。

廷佐十一月己酉休。十二月癸酉，麻勒吉两

秉真

申十月庚寅，裁湖广总督。

	康熙八年己酉七月壬辰，裁直隶、山	
	直隶三省	白秉真
江总督。	两江	麻勒吉
	山陕	莫洛九月丙申罢。十一月
	福建	祖泽溥三月丙辰，刘兆麒
	浙江	赵廷臣二月卒。
	四川	刘兆麒调。
	两广	周有德
	云贵	甘文焜
督。	总漕	屈尽美降。七月丙申，帅颜
	总河	杨茂勋九月丙申休。十月

乙丑，罗多河道总督。		
保漕运总督。	总河	罗多
	总漕	帅颜保
	云贵	甘文焜
	两广	周有德正月乙巳
	川湖	蔡毓荣四月己丑，
浙江、福建总督。	浙江	刘兆麒
己亥留任。	福建	刘斗四月乙巳，福
	山陕	莫洛十二月癸巳
	两江	麻勒吉
东、河南总督。	康熙九年庚戌三月壬	

康熙	十年	午，复设四川湖广总督、福建总督。
两江	麻勒	
山陕	罗多	迁。
福建	刘斗	建总督。
浙江	刘兆	
川湖	蔡毓	川湖总督。
两广	金光	忧免。二月癸酉，金光祖两广总督。
云贵	甘文	
总漕	帅颜	
总河	罗多	

调。二月己丑，王光裕河道总督。	总河 王光裕
保	总漕 帅颜保
焜	云贵 甘文焜
祖	两广 金光祖
荣	川湖 蔡毓荣
麒	浙江 刘兆麒
	福建 刘斗九
正月乙亥，山陕总督。	山陕 罗多三
吉	两江 麻勒吉
辛亥	康熙十一年

月乙未降。十月壬子，范承谟福建总督。

月壬申降。四月壬辰，鄂善山陕总督。寻改陕

壬子

康熙	十二年癸丑八月乙卯，设云南
两江	麻勒吉五月庚寅降。六月甲寅，
陕西	鄂善九月辛亥调。乙酉，哈占陕西总督。
福建	范承谟
浙江	刘兆麒五月庚寅降。六月癸卯，
川湖	蔡毓荣
两广	金光祖
云贵	甘文焜十二月丁巳自刎。
云南	鄂善九月辛亥，云南总督。
总漕	帅颜保
总河	王光裕

总督。	阿席熙两江总督。	西总督。		李之芳浙江总督。							
康熙十三年甲寅二月癸	两江	陕西	福建	浙江	江西	湖广	四川	两广	云贵	总漕	总河
	阿席熙	哈占	范承谟三月庚辰，耿	李之芳	董卫国七月庚辰，江	蔡毓荣	周有德二月丁未，四	金光祖	鄂善正月丁丑，改云	帅颜保	王光裕

康	卯，设四川总督。七月庚辰，设江西总督。
两	
陕	
福	精忠反，被幽。七月辛未，郎廷佐福建总督。
浙	
江	
湖	西总督。
四	
两	川总督。
云	
总	贵总督。
总	

熙十四年乙卯		康熙十五年丙辰	
江	阿席熙	两江	阿席熙
西	哈占	陕西	哈占
建	郎廷佐	福建	郎廷佐七月戊申，郎廷
江	李之芳	浙江	李之芳
西	董卫国	江西	董卫国
广	蔡毓荣	湖广	蔡毓荣
川	周有德	四川	周有德
广	金光祖	两广	金光祖四月辛酉，降尚
贵	鄂善	云贵	鄂善
漕	帅颜保	总漕	帅颜保
河	王光裕	总河	王光裕

		康熙十六年丁巳
	两江	阿席熙
	陕西	哈占
相福建总督。	福建	郎廷相
	浙江	李之芳
	江西	董卫国
	湖广	蔡毓荣
	四川	周有德
之信。	两广	金光祖六月丁未归正。
	云贵	鄂善七月丙申降调。
	总漕	帅颜保
	总河	王光裕二月丙辰罢。辛未，

		康熙十七年戊午
	两江	阿席熙
	陕西	哈占
	福建	郎廷相五月己酉免。癸
	浙江	李之芳
	江西	董卫国
	湖广	蔡毓荣
	四川	周有德
	两广	金光祖
	云贵	
	总漕	帅颜保
靳辅河道总督。	总河	靳辅

康熙十八年己未		
两江	阿席熙	
陕西	哈占	
福建	姚启圣	丑，姚启圣福建总督。
浙江	李之芳	
江西	董卫国	
湖广	蔡毓荣	
四川	周有德调。四月丙	
两广	金光祖	
云贵	周有德二月辛巳，	
总漕	帅颜保	
总河	靳辅	

总河	靳辅	
总漕	帅颜保	
云贵	周有德卒。正月戊	云贵总督。
两广	金光祖	
四川	杨茂勋十一月解	寅，杨茂勋四川总督。
湖广	蔡毓荣	
江西	董卫国	
浙江	李之芳	
福建	姚启圣	
陕西	哈占十一月辛酉，	
两江	阿席熙	
康熙十九年庚申		

康熙二十年辛酉		
两江	阿席熙降。十二月	
川陕	哈占	改川陕总督。
福建	姚启圣	
浙江	李之芳	
江西	董卫国	
湖广	蔡毓荣	
两广	金光祖罢。十二月	任，随军。
云贵	赵良栋	
总漕	帅颜保五月庚申	午，赵良栋云贵总督。
总河	靳辅	

康熙二十一年壬戌		
两江	于成龙	癸卯，于成龙两江总督。
川陕	哈占	
福建	姚启圣	
浙江	李之芳十一月	
江西	董卫国调。	
湖广	蔡毓荣调。正月	
两广	吴兴祚	癸卯，吴兴祚两广总督。
云贵	赵良栋召。正月	
漕总	邵甘	迁。辛未，邵甘漕运总督。
河总	靳辅	

康熙二十二		正月己巳，裁江西总督。
两江	于成龙	
川陕	哈占八	
福建	姚启圣	
浙江	施维翰	甲寅迁。戊辰，施维翰浙江总督。
湖广	董卫国	己巳，董卫国湖广总督。
两广	吴兴祚	
云贵	蔡毓荣	丙寅，蔡毓荣云贵总督。
总漕	邵甘	
总河	靳辅	

康熙二十		年癸亥
两江	于成	
川陕	禧佛	月戊申迁。戊午，禧佛川陕总督。
福建	施维	卒。十二月丙辰，施维翰福建总督。
浙江	王国	调。
湖广	董卫	
两广	吴兴	
云贵	蔡毓	
总漕	邵甘	
总河	靳辅	

康熙	三年甲子五月丙寅，裁浙江总督。
两江	龙卒。五月甲申，王新命两江总督。
川陕	
福建	翰卒。五月丙寅，王国安福建总督。
湖广	安正月丙寅，浙江总督。五月丙寅。调。
两广	国卒。正月丙寅，徐国相湖广总督。
云贵	祚
总漕	荣
总河	十二月戊戌罢。丙午，徐旭龄漕运总督。

二十四年乙丑	康熙	二十五年丙寅
王新命	两江	王新命
禧佛	川陕	禧佛九月乙未迁。乙巳，
王国安	福建	王国安
徐国相	湖广	徐国相
吴兴祚	两广	吴兴祚
蔡毓荣	云贵	蔡毓荣闰四月辛未迁。
徐旭龄	总漕	徐旭龄
靳辅	总河	靳辅

年份	两江	川陕	福建	闽浙	湖广	两广	云贵	总漕	总河
		图纳川陕总督。				范承勋云贵总督。			
康熙二十六年丁卯三月	王新命三月乙酉调。	图纳	王国安三月辛巳迁。	王新命三月，闽浙总	徐国相	吴兴祚	范承勋	徐旭龄卒。三月乙未，	靳辅

备注	地区	人名
慕天颜漕运总督。	总河	靳辅三
	总漕	慕天颜
	云贵	范承勋
	两广	吴兴祚
督。	湖广	徐国相
	闽浙	王新命
	川陕	图纳二
己丑，董讷两江总督。	两江	董讷三
乙酉，改福建总督为闽浙总督。	康熙二十七	

月乙酉免。己丑，王新命河道总督。

三月乙酉免。庚寅，马世济漕运总督。

三月乙酉罢。九月戊戌，丁思孔湖广总督。

调。三月乙未，王骘闽浙总督。

月丁巳迁。甲子，葛思泰川陕总督。

月丁酉降。四月戊申，傅拉塔两江总督。

年戊辰三月辛卯，裁湖广总督。九月癸巳复

设。	康熙二十八年己巳	
	两江	傅拉塔
	川陕	葛思泰
	闽浙	王骘　五月丁未迁。壬子，兴永朝闽浙
	湖广	丁思孔
	两广	吴兴祚　六月戊子降。七月己亥，石琳
	云贵	范承勋
	总漕	马世济　三月丁亥休。董讷漕运总督。
	总河	王新命

	康熙二十九年庚午	康熙三十年
	两江傅拉塔	两江傅拉塔
	川陕葛思泰	川陕葛思泰
总督。	闽浙兴永朝	闽浙兴永朝
	湖广丁思孔	湖广丁思孔
两广总督。	两广石琳	两广石琳
	云贵范承勋	云贵范承勋
	总漕董讷	总漕董讷
	总河王新命	总河王新命

辛未	康熙三十一年壬申
两江	傅拉塔
川陕	葛思泰十月庚辰病免。甲申，佛伦
闽浙	兴永朝调。十二月乙未，朱弘祚闽
湖广	丁思孔
两广	石琳
云贵	范承勋
总漕	董讷十二月辛卯迁。乙未，兴永朝
总河	王新命二月辛巳罢。靳辅河道总

督。董讷署。十一月甲子，靳辅病免。十二月壬

漕运总督。

浙总督。

川陕总督。

子，于成龙代。

年份	两江	川陕	闽浙	湖广	两广	云贵	总漕	总河
康熙三十二年癸酉	傅拉塔	佛伦	朱弘祚	丁思孔	石琳	范承勋	兴永朝	于成龙
康熙三十	傅拉	佛伦	朱弘	丁思	石琳	范承	兴永	于成

龙
朝二月甲戌迁。王梁漕运总督。
勋三月乙丑迁。四月戊寅，丁思孔云贵总督。
孔调。四月辛卯，吴琠湖广总督。
祚十二月庚戌降。
三月乙卯迁。十月丙申，吴赫川陕总督。
塔六月戊戌卒。丙辰，范承勋两江总督。
三年甲戌

康熙三十四年乙		
两江	范承勋	
川陕	吴赫	
闽浙	郭世隆二月	
湖广	吴琠	
两广	石琳	
云贵	王继文	寻卒。九月癸未，王继文代。
漕总	王梁六月庚	
河总	于成龙八月	

癸卯忧免。己酉，董安国河道总督。

申免。七月乙丑，董安国漕运总督。八月己酉

己亥，闽浙总督。

亥

	康熙三十五年丙子	
	两江	范承勋
	川陕	吴赫
	闽浙	郭世隆
	湖广	吴赫六月壬子迁。七月戊午，
	两广	石琳
	云贵	王继文
调。桑额代。	总漕	桑额
	总河	董安国

	康熙三十六丁丑	康熙三
	两江范承勋	两江范
	川陕吴赫	川陕吴
	闽浙郭世隆	闽浙郭
李辉祖湖广总督。	湖广李辉祖	湖广李
	两广石琳	两广石
	云贵王继文	云贵王
	总漕桑额	总漕桑
	总河董安国	总河董

安国十一月丁酉罢。于成龙河道总督。

额

继文十二月甲寅病免。己未，巴锡云贵总督。

琳

辉祖

世隆

赫

承勋十月甲寅忧免。十一月壬辰，张鹏翮两

十七年戊寅

	康熙三十八年己卯	
江总督。	两江	张鹏翮五月庚午随扈。陶岱署
	川陕	吴赫六月辛酉罢。七月庚辰，席
	闽浙	郭世隆
	湖广	李辉祖六月戊戌召。郭琇湖广
	两广	石琳
	云贵	巴锡
	总漕	桑额
	总河	于成龙

职	姓名	事
康熙三十九年		
两江	张鹏翮三	两江总督。寻卸。张鹏翮回任。
川陕	席尔达	尔达署川陕总督。
闽浙	郭世隆	
湖广	郭琇	总督。
两广	石琳	
云贵	巴锡	
总漕	桑额	
总河	于成龙三	

月癸卯卒。张鹏翮河道总督。

月癸卯调。陶岱署两江总督。五月丁未迁。阿

庚辰

	康熙	四十年辛巳
山代。	两江	阿山
	川陕	席尔达　十月壬申迁。觉罗华显川
	闽浙	郭世隆
	湖广	郭琇
	两广	石琳
	云贵	巴锡
	总漕	桑额
	总河	张鹏翮

	康熙四十一年壬午	
	两江	阿山
陕总督。	川陕	觉罗华显
	闽浙	郭世隆调。十月丙午，金世荣闽
	湖广	郭琇
	两广	石琳十月丙午休。郭世隆两广
	云贵	巴锡
	总漕	桑额
	总河	张鹏翮

	总河	张鹏翮
	总漕	桑额
	云贵	巴锡
总督。	两广	郭世隆
	湖广	郭琇四月丁亥罢。戊戌，喻成龙
浙总督。	闽浙	金世荣
	川陕	觉罗华显
	两江	阿山
	康熙四十二年癸未	

	康熙	四十三年甲申
	两江	阿山
	川陕	觉罗华显卒。正月辛酉，博霁
	闽浙	金世荣
湖广总督。	湖广	喻成龙
	两广	郭世隆
	云贵	巴锡
	漕总	桑额
	河总	张鹏翮

康熙四十四年乙酉	
两江　阿山	
川陕　博霁	兼川陕总督。
闽浙　金世荣	
湖广　喻成龙　八月己酉罢。戊午，	
两广　郭世隆	
云贵　巴锡　五月癸酉迁。庚辰，贝	
总漕　桑额	
总河　张鹏翮	

康熙四十五年丙戌		
两江	阿山 十一月甲戌迁。	
川陕	博霁	
闽浙	金世荣 四月己未迁。	
湖广	石文晟	石文晟湖广总督。
两广	郭世隆 十二月甲辰	
云贵	贝和诺	和诺云贵总督。
总漕	桑额	
总河	张鹏翮	

康熙四十六年丁		
两江	邵穆布	辛巳，邵穆布两江总督。
川陕	博霁	
闽浙	梁鼐	五月丁丑，梁鼐闽浙总督。
湖广	石文晟五月	
两广	赵宏灿	罢。辛亥，赵弘灿两广总督。
云贵	贝和诺	
总漕	桑额	
总河	张鹏翮	

康熙四		亥
两江	邵	
川陕	博	
闽浙	梁	
湖广	郭	丙子免。六月丁亥，郭世隆湖广总督。
两广	赵	
云贵	贝	
总漕	桑	
总河	张	

鹏翮十月乙卯迁。十一月癸未，赵世显河道

额

和诺

宏灿

世隆

鼐

霁卒。四月己酉，齐世武川陕总督。

穆布

十七年戊子

总督。	总河	赵世显
	总漕	桑额
	云贵	贝和诺
	两广	赵宏灿
	湖广	郭世隆
	闽浙	梁鼐
	川陕	齐世武七月庚寅迁。殷泰川陕总
	两江	邵穆布七月辛卯，噶礼两江总督。
康熙四十八年己丑		

督。

康熙四十九年庚寅	
两江	噶礼
川陕	殷泰
闽浙	梁鼐八月甲申忧免。庚寅，范时崇闽
湖广	郭世隆十月丙子迁。鄂海湖广总督。
两广	赵宏灿
云贵	贝和诺九月辛酉迁。十月丙子，郭瑮
漕总	桑额十一月乙卯迁。十二月癸酉，赫
河总	赵世显

	康熙五十年辛卯		康熙五十一	
	两江	噶礼	两江	噶礼二
	川陕	殷泰	川陕	殷泰
浙总督。	闽浙	范时崇	闽浙	范时崇
	湖广	鄂海	湖广	鄂海
	两广	赵宏灿	两广	赵宏灿
云贵总督。	云贵	郭瑮	云贵	郭瑮
寿漕运总督。	总漕	赫寿	总漕	赫寿十
	总河	赵世显	总河	赵世显

月丙寅调。郎廷极漕运总督。

月丁巳免。郎廷极署两江总督。十月丙寅，赫

年壬辰

	康熙五十二年癸巳	
寿代。	两江	赫寿
	川陕	殷泰四月甲寅病免。鄂海川陕总
	闽浙	范时崇
	湖广	鄂海四月甲寅调。癸亥，鄂伦特湖
	两广	赵宏灿
	云贵	郭瑮
	总漕	郎廷极
	总河	赵世显

	康熙五十三年甲午	康熙五十四年
	两江 赫寿	两江 赫寿
督。	川陕 鄂海	川陕 鄂海
	闽浙 范时崇	闽浙 范时崇 十
广总督。	湖广 鄂伦特	湖广 鄂伦特
	两广 赵宏灿	两广 赵宏灿
	云贵 郭瑮	云贵 郭瑮
	总漕 郎廷极	总漕 郎廷极 二
	总河 赵世显	总河 赵世显

康熙	两江	川陕	闽浙	湖广	两广	云贵	总漕	总河
乙未			一月甲午迁。癸卯，觉罗满保闽浙总督。				月己巳卒。施世纶漕运总督。	

康	五十五年丙申
两	赫寿
川	鄂海
闽	觉罗满保
湖	鄂伦特　闰三月癸亥迁。满丕署湖广总督。
两	赵宏灿　十月壬辰迁。戊戌，杨琳两广总督。
云	郭瑮　九月庚午，蒋陈锡云贵总督。
总	施世纶
总	赵世显

康	熙	五十六年丁酉
两	江	赫寿 四月丙申迁。甲辰，长鼐两江总督。
川	陕	鄂海
四	浙	觉罗满保
陕	广	满丕
闽	广	杨琳
湖	贵	蒋陈锡
两	漕	施世纶
云	河	赵世显
总		
总		

熙	五十七年戊戌
江	长鼐
陕	鄂海十月丁卯调。
川	年羹尧十月甲子，四川总督。
西	鄂海十月丁卯，陕西总督。
浙	觉罗满保
广	满丕
广	杨琳
贵	蒋陈锡
漕	施世纶
河	赵世显

康熙	五十八
两江	长鼐
四川	年羹尧
陕西	鄂海
闽浙	觉罗满
湖广	满丕
两广	杨琳
云贵	蒋陈锡
总漕	施世纶
总河	赵世显

年份	辖区	人员
年己亥		
		保
康熙五十九年庚子	两江	长鼐
	四川	年羹尧
	陕西	鄂海
	闽浙	觉罗满保
	湖广	满丕
	两广	杨琳
	云贵	蒋陈锡九月戊寅罢。张文焕署
	总漕	施世纶
	总河	赵世显

	总河	赵世显十一月辛卯召。陈鹏
	总漕	施世纶
	云贵	张文焕
云贵总督。	两广	杨琳
	湖广	满丕
	闽浙	觉罗满保
	陕西	鄂海五月乙酉差。
	四川	年羹尧
	川陕	年羹尧五月乙酉，兼川陕总
	两江	长鼐
	康熙	六十年辛丑

职	康熙六十一年壬寅	续
两江	长鼐 卒。十月辛未，查弼	
川陕	年羹尧	督。
闽浙	觉罗满保	
湖广	满丕 十一月戊戌召。杨	
两广	杨琳	
云贵	张文焕 二月庚午召。高	
总漕	施世纶 五月戊戌卒。张	
总河	陈鹏年 十二月壬戌，补	
		年署河道总督。

雍正元年癸卯		
两江	查弼纳	纳两江总督。
川陕	年羹尧	
闽浙	觉罗满保	
湖广	杨宗仁	宗仁湖广总督。
两广	杨琳	
云贵	高其倬	其倬署云贵总督。
总漕	张大有	大有署漕运总督。
总河	陈鹏年正月壬辰病	河道总督。

	雍正二年甲辰	
	直隶	李维钧十月己
	两江	查弼纳
	川陕	年羹尧
	闽浙	觉罗满保
	湖广	杨宗仁
	两广	杨琳卒。四月丁
	云贵	高其倬
免。齐苏勒署河道总督。	总漕	张大有
	总河	齐苏勒
	副总河	嵇曾筠闰四月

雍正三年乙巳		
直隶	李维钧八月乙酉	亥，直隶总督。
两江	查弼纳	
川陕	年羹尧四月己卯	
闽浙	觉罗满保卒。十月	
湖广	杨宗仁卒。八月甲	
两广	孔毓珣	未，孔毓珣两广总督。
云贵	高其倬调。十月戊	
总漕	张大有	
总河	齐苏勒	
副总河	嵇曾筠	丙戌，河南副总河。

申，伊都立云贵总督。庚寅调。杨名时代。

戌，李成龙湖广总督。

戌申，高其倬闽浙总督。

调。岳钟琪署川陕总督。七月壬子补。九月丙

罢。蔡珽署直隶总督。庚寅，李绂代。

雍正四年丙午		
直隶	李绂　十二月壬午迁。宜	
两江	查弼纳　四月己卯召。范	
川陕	岳钟琪	申觐。图理琛署。
闽浙	高其倬	
湖广	李成龙　九月壬辰迁。宜	
两广	孔毓珣	
云贵	杨名时　调。十月甲申，鄂	
总漕	张大有	
总河	齐苏勒	
副总	嵇曾筠	

雍正五年丁未		
直隶	宜兆熊　闰	兆熊署直隶总督。
两江	范时绎	时绎署两江总督。
川陕	岳钟琪	
闽浙	高其倬	
浙江	李卫　十一	兆熊湖广总督。丙午，福敏署。
湖广	福敏　闰三	
两广	孔毓珣	尔泰云贵总督。
云贵	鄂尔泰	
总漕	张大有	
总河	齐苏勒	
副总河	嵇曾筠	

雍正六年戊申		
直隶	宜兆熊五	三月戊辰迁。仍署直隶总督。
两江	范时绎	
川陕	岳钟琪	
闽浙	高其倬	
浙江	李卫	月丁巳，浙江总督。
湖广	迈柱	月戊辰召。迈柱湖广总督。
两广	孔毓珣	
云贵	鄂尔泰十	
总漕	张大有	
总河	齐苏勒	
副总河	嵇曾筠	

雍正七年己		
直隶	何世瑾	月丙寅召。何世瑾署直隶总督。
两江	范时绎	
川陕	岳钟琪	
闽浙	高其倬	
浙江	李卫	三
湖广	迈柱	
广东	孔毓珣	
云广	鄂尔泰	月丁亥，云贵广西总督。
总漕	张大有	
总河	齐苏勒	
南河	尹继善	
副总	嵇曾筠	

三月辛亥，东河总督。

二月丁丑，署南河总督。三月乙巳，孔毓珣代。

二月戊戌迁。性桂漕运总督。三月调。张大有

调。三月乙巳，郝玉麟广东总督。

月丙寅入觐。性桂署浙江总督。

四月己亥召。史贻直署福建总督。

西征。四月甲午，查郎阿署川陕总督。

卒。正月壬申，杨鲲协办直隶总督。六月己卯

西

	雍正八年庚戌
免。唐执玉署。	直隶 唐执玉
	两江 范时绎 三月甲午免。史贻
	川陕 查郎阿
	福建 史贻直 调。高其倬回任福
	浙江 性桂
	湖广 迈柱
	广东 郝玉麟
	云广 鄂尔泰
仍任。	总漕 张大有
	总河 齐苏勒
	南河 孔毓珣 卒。四月癸亥，嵇曾
	东河 嵇曾筠 四月癸亥调。田文
	北河 刘於义 十二月癸丑，北河

雍正九	
直隶唐	
两江高	直署两江总督。五月癸酉，高其倬代。
川陕查	
四川黄	
福建刘	建总督。五月癸酉，刘世明代。
浙江李	
湖广迈	
广东郝	
云广鄂	
总漕性	
总河齐	
南河嵇	筠南河总督。
东河沈	镜东河总督。八月壬戌，沈廷正代。
北河刘	总督。
副总高	

年辛亥

执玉九月丁亥病免。戊子，刘於义署直隶总

其倬七月丁卯调。尹继善署两江总督。

郎阿

廷桂二月壬戌，四川总督。

世明

卫九月乙亥觐。李灿署浙江总督。

柱

玉麟九月甲戌免。张溥署广东总督。

尔泰七月丁卯觐。高其倬署云广总督。

桂

苏勒

曾筠

廷正调。九月戊子，朱藻东河总督。

於义调。九月戊子，沈廷正北河总督。

嵇九月戊子，东河副总督。

督。

	雍正十年壬子
直隶	刘於义调。七月戊戌，李卫署直隶总督。
两江	尹继善九月庚寅召。魏廷珍署两江
川陕	查郎阿七月戊戌迁。刘於义署陕西
四川	黄廷桂
福建	刘世明二月癸丑差。郝玉麟署福建
浙江	李卫闰五月癸丑迁。七月戊戌，程元
湖广	迈柱
广东	郝玉麟正月戊子病痊，回任广东总
云广	高其倬
总漕	性桂二月乙未召。魏廷珍漕运总督。
总河	齐苏勒
南河	嵇曾筠
东河	朱藻
北河	沈廷正二月辛卯召。王朝恩北河总
副总	高斌

雍正	
直隶	督。八月癸未补。
两江	总督。
川陕	总督。
四川	
福建	总督。八月癸未补。
浙江	章署浙江总督。八月癸未补。
湖广	
广东	督。二月癸丑调。鄂弥达署，八月癸未补。
云广	
总漕	九月庚寅调。性桂补。
总河	
南河	
东河	
北河	督。
副总河	

高斌
王朝恩八月丁卯罢。顾琮北河总督。
朱藻
嵇曾筠忧。十二月壬戌，高斌署南河总督。
齐苏勒
魏廷珍正月，回任漕运总督。
高其倬调。正月壬辰，尹继善云广总督。
鄂弥达
迈柱
程元章
郝玉麟
黄廷桂
刘於义
魏廷珍回任。正月壬辰，高其倬两江总督。九
李卫正月丁亥差。唐执玉署直隶总督。四月，
十一年癸丑

	雍正十二年甲寅	
李卫回任。	直隶	李卫
月己卯，赵宏恩署。	两江	赵弘恩五月壬辰，补
	川陕	刘於义
	四川	黄廷桂
	福建	郝玉麟七月丁亥觐。
	浙江	程元章十月戊午裁。
	湖广	迈柱
	广东	鄂弥达
	云广	尹继善
	总漕	魏廷珍十二月丁巳
	总河	齐苏勒
	南河	高斌
	东河	朱藻十二月丁巳调。
	北河	顾琮十二月丁巳调。
	副总	高斌
	副总	白钟山七月甲戌，南

河副总督。十二月丁巳迁。

朱藻北河总督。

白钟山东河总督。

迁。顾琮漕运总督。

阿尔赛署福建总督。十月戊午，郝玉麟闽浙

两江总督。

雍正十三年乙卯	直隶	两江	川陕	四川	闽浙	湖广	广东	云广	总漕	总河	南河	东河	北河
	李卫	赵弘恩	刘於義	黄廷桂	郝玉麟	迈柱七月辛酉迁。张广泗湖广总 总督。	鄂弥达	尹继善	顾琮	齐苏勒	高斌十二月丙戌，补南河总督。	白钟山	朱藻十月丙子。调刘勷北河总督。

督。八月庚寅，迈柱署。十一月丁未，史贻直署。

清史稿卷一九八

表第三八

疆臣年表二 各省总督 河督漕督附

乾隆元年丙辰，裁四	直隶	两江	川陕	闽浙	湖广	两广	云贵	总漕	直隶河道总督	江南河道总督	河东河道总督													
	李卫	赵弘	查郎	郝玉	史贻	鄂弥	尹继	顾琮	刘勷	高斌	白钟													

山

正月丙辰，迁。二月壬申，补熙署漕运总督。

善

六月癸酉，云南总督。张广泗贵州总督。

达

直

麟

二月甲申，以闽浙总督衔专管福建事。嵇

阿

恩

川总督。

白	
高	
刘	
补	卯，程元章补。六月丙申，程元章迁。补熙补。
尹	
鄂	
史	
郝	曾筠浙江总督。
查	
赵	
李	
乾	

钟山

斌

勤七月癸丑革。八月丙子，顾琮署直隶河道

熙

继善四月乙卯陛见。张允随署。九月丁卯，庆

弥达

贻直九月甲辰召。德沛湖广总督。

玉麟
嵇曾筠

郎阿

弘恩正月庚子召。庆复两江总督。闰九月丁

卫

隆二年丁巳

	白钟山
	高斌
总督。	顾琮改协理。
	补熙七月
复云南总督。张广泗仍贵州。	庆复张广
	鄂弥达七月
	德沛
	郝玉麟
	查郎阿七月
卯，庆复迁。那苏图两江总督。	那苏图
	李卫十月丁
	乾隆三年戊

正月癸酉，朱藻直隶河道总督。九月甲子被

丙寅，托时漕运总督。

泗

丙寅迁。马尔泰两广总督。

丙寅迁。鄂弥达川陕总督。

酉免。孙嘉淦署直隶总督。

午，裁浙江总督。

乾隆四	
孙嘉淦	
那苏图	
鄂弥达	
郝玉麟	
德沛七	
马尔泰	
庆复	
托时	
顾琮	劾。顾琮管理总河印务。十月丙午补。
高斌	
白钟山	

乾隆五	年己未
孙嘉淦	
郝玉麟	十一月戊申忧。郝玉麟署两江总督。
鄂弥达	
德沛	七月丙寅迁。德沛闽浙总督。
班第十	月丙寅迁。班第湖广总督。
马尔泰	
张广泗	张广泗
托时十	
顾琮	
高斌	
白钟山	

月戊戌迁。常安漕运总督。

六月癸酉召。张允随署贵州总督。

庆复仍

一月己巳忧。那苏图署湖广总督。

三月庚戌召。尹继善川陕总督。

五月甲子免。杨超曾署两江总督。

年庚申

云南。

白钟山

高斌八月己酉迁。完颜伟江南河道总

顾琮八月己酉召。高斌兼理直隶河道

常安十二月辛亥迁。顾琮漕运总督。

庆复四月迁。张允随署云南。张广泗

马尔泰四月戊申忧。庆复署两广总督。

那苏图八月己丑迁。孙嘉淦湖广总督。

德沛五月己丑召。策楞暂署闽浙总督。

尹继善

杨超曾八月己酉召。那苏图两江总督。

孙嘉淦八月己酉迁。高斌直隶总督。

乾隆六年辛酉

	乾隆七年壬戌
	高斌六月癸未差。史贻直署直隶总
	那苏图四月癸巳迁。德沛两江总督。
	尹继善九月丁丑忧。马尔泰署川陕
	德沛四月癸巳迁。那苏图闽浙总督。
	孙嘉淦
	庆复
仍贵州。	张允随 张广泗
	顾琮
总督。	高斌
督。	完颜伟十二月辛亥迁。白钟山江南
	白钟山十二月辛亥迁。完颜伟河东

	乾隆八年癸亥
督。	史贻直
	德沛二月庚子召。尹继善两江总
总督。	马尔泰五月戊申迁。庆复川陕总
	那苏图
	孙嘉淦正月丁巳召。阿尔赛湖广
	庆复正月戊午陛见。策楞署两广
	张允随　张广泗
	顾琮
	高斌
河道总督。	白钟山
河道总督。	完颜伟

内容	名
	完
	白
	高
	顾
	张
总督。五月戊申，庆复迁。马尔泰两广总督。	马
总督。	阿
	那
督。	庆
督。	尹
	史
	乾

颜伟	完颜伟
钟山	白钟山
斌	高斌
琮	顾琮
允随 张广泗	张允随
尔泰七月戊寅迁。那苏图两广总督。	那苏图
尔赛二月丁丑迁。鄂弥达湖广总督。	鄂弥达
苏图七月戊寅迁。马尔泰闽浙总督。	马尔泰
复	庆复
继善	尹继善
贻直	史贻直
隆九年甲子	乾隆十

年乙丑	乾隆十一年丙
五月辛卯，那苏图直隶总督。	那苏图
	尹继善
	庆复
	马尔泰九月丁
	鄂弥达九月壬
四月乙卯召。策楞两广总督。	策楞
张广泗	张允随张广
	顾琮闰三月己
	高斌
	白钟山闰三月
	完颜伟

己亥革。顾琮署江南河道总督。九月庚子回

亥迁。刘统勋署漕运总督。九月庚子，顾琮回
泗

戊召。塞楞额湖广总督。

巳召。喀尔吉善闽浙总督。

寅

	完颜伟
原任。周学健江南河道总督。	周学健
	高斌四月戊辰
任。	顾琮九月壬子
	张允随三月辛
	策楞
	塞楞额
	喀尔吉善
	庆复三月辛丑
	尹继善
	那苏图
	乾隆十二年丁

差。那苏图署直隶河道总督。

迁。蕴著漕运总督。

丑，改云贵总督。

召。张广泗川陕总督。十二月乙亥，进剿大金

卯，裁贵州总督。

	完颜伟三月乙未迁。
	周学健闰七月戊辰
	那苏图
	蕴著
	张允随
	策楞九月戊午迁。尹
	塞楞额闰七月己巳
	喀尔吉善
川。黄廷桂署川陕总督。	张广泗九月辛酉召。
	尹继善九月戊午迁。
	那苏图
	乾隆十三年戊辰，分

顾琮河东河道总督。

逮。高斌暂管江南河道总督。

继善两广总督。十月乙酉召。硕色两广总督。

召。新柱署湖广总督。

傅尔丹暂护川陕总督。九月戊寅，张广泗革。

策楞两江总督。十一月癸酉迁。雅尔哈善兼

设陕西总督、四川总督。

傅恒暂管川陕总督。十一月癸酉，策楞川陕署两江总督。十二月丁亥，黄廷桂两江总督。

总督。庚辰，分设两督，尹继善陕甘总督，策楞

	顾琮
	高斌
	那苏图
	蕴著四月戊戌革。瑚宝漕运总督。
	张允随
	硕色
	新柱二月庚子差。瑚宝湖广总督。
	喀尔吉善
四川总督。	尹继善正月丁巳差。瑚宝陕甘总
	黄廷桂
	那苏图七月辛亥卒。方观承直隶
	乾隆十四年己巳

	顾琮
	高斌
	方观承
	瑚宝
	张允随
	硕色正
十二月辛卯，新柱迁。永兴湖广总督。	永兴十
	喀尔吉
督。策楞仍四川。	尹继善
	黄廷桂
总督。	方观承
	乾隆十

五年庚午

善

策楞

一月乙丑忧。阿里衮湖广总督。

月丁未迁。陈大受两广总督。

正月丁未迁。硕色云贵总督。

乾隆十六年

方观承

黄廷桂闰五

尹继善闰五

喀尔吉善

阿里衮九月

陈大受九月

硕色

瑚宝

方观承

高斌

顾琮

庚寅卒。阿里衮两广总督。

庚寅迁。永常湖广总督。

月戊寅迁。黄廷桂陕甘总督。　策楞仍四川。

月戊寅迁。尹继善两江总督。未任前，高斌兼

辛未

乾隆十七年壬申	方观承	尹继善九月丁亥召。庄有恭暂署两江总管。	黄廷桂 策楞	喀尔吉善	永常	阿里衮	硕色	瑚宝	方观承	高斌	顾琮

	乾隆十八年癸酉
	方观承
督。	尹继善正月戊寅迁。鄂容安署两江总督。
	策楞正月戊寅忧。黄廷桂迁四川总督。尹
	喀尔吉善
	永常三月己卯召。开泰署湖广总督。未任
	阿里衮正月戊寅忧。班第署两广总督。九
	硕色
	瑚宝
	方观承
	高斌八月己亥议处。策楞江南河道总督。
	顾琮

九月壬申迁。尹继善江南河道总督。

月壬申召。策楞两广总督。

前，恒文署。八月辛丑，永常仍回湖广总督任。

继善陕甘总督。九月壬申迁。永常陕甘总督。

乾隆十九年甲	
方观承	
鄂容安八月丁	
永常五月戊戌	
喀尔吉善	
开泰	九月壬申迁。开泰湖广总督。
策楞四月辛卯	
硕色	
瑚宝	
方观承	
尹继善十二月	
顾琮三月辛亥	

召。白钟山河东河道总督。	白
丙辰，富勒赫署江南河道总督。	富
	方
	瑚
	硕
召。杨应琚署两广总督。	杨
	开
	喀
差。刘统勋署陕甘总督。　黄廷桂仍四川。	刘
巳召。尹继善兼署两江总督。	尹
	方
戊	乾

乾隆二十年乙亥
方观承九月丙申差。鄂弥达署直隶总督。
尹继善
黄统勋六月召。黄廷桂调陕甘。开泰调四川。
略尔吉善
硕泰六月癸丑迁。硕色署湖广总督。
杨应琚
爱色六月癸丑迁。爱必达云贵总督。
瑚宝
方观承
富勒赫
白钟山

钟山	白
勒赫　十月壬申召。庄有恭江南河道总督。	庄
观承	方
宝　七月庚辰卒。张师载漕运总督。	张
必达　二月戊辰迁。恒文云贵总督。	恒
应琚	杨
色	硕
尔吉善	喀
廷桂　开泰	黄
继善	尹
观承	方
隆二十一年丙子	乾

钟山正月甲辰迁。张师载河东河道总督。

有恭正月甲辰居家待罪。白钟山江南河道

观承

师载正月甲辰迁。杨锡绂漕运总督。

文六月辛酉逮。甲子，爱必达云贵总督。

应琚七月丁未迁。鹤年两广总督。未任前，李

色

尔吉善七月丁未卒。杨应琚闽浙总督。

廷桂 开泰

继善

观承

隆二十二年丁丑

总督。

侍尧署。十二月癸亥，鹤年卒。陈宏谋两广总

乾隆二十三年戊寅
方观承
尹继善
黄廷桂　开泰
杨应琚
硕色
陈宏谋　四月丙子调。李侍尧署两广总督。
督。
爱必达
杨锡绂
方观承
白钟山
张师载

乾隆二十四年己卯,裁四川总督,改陕甘为

方观承

尹继善

黄廷桂 正月乙亥卒。吴达善陕甘总督。七月

杨应琚 三月壬辰迁。杨廷璋署闽浙总督。

硕色 九月庚午免。苏昌湖广总督。

李侍尧

爱必达

杨锡绂

方观承

白钟山

张师载

	张
	白
	方
	杨
	爱
	李
	苏
	杨
乙亥，改开泰川陕总督，杨应琚甘肃总督。	杨
	尹
	方
川陕总督，设甘肃总督。	乾

师载

钟山

观承

锡绂

必达

侍尧

昌

廷璋

应琚十二月丙戌，改陕甘总督。开泰改四川

继善

观承

隆二十五年庚辰，裁甘督，复陕甘、四川两总

	张师载
	白钟山三月戊申卒。高晋南河河道总
	方观承
	杨锡绂
	爱必达四月壬辰迁。吴达善云贵总督。
	李侍尧四月壬辰迁。苏昌两广总督。
	苏昌四月壬辰迁。爱必达湖广总督。
	杨廷璋
总督。	开泰　杨应琚
	尹继善
	方观承
督。	乾隆二十六年辛巳

乾隆二十七年壬午	乾隆二十八年癸未
方观承	方观承
尹继善	尹继善
开泰　杨应琚	开泰六月戊戌革。王
杨廷璋	杨廷璋
爱必达	爱必达五月癸酉免。
苏昌	苏昌
吴达善	吴达善
杨锡绂	杨锡绂
方观承	方观承
督。高晋	高晋
张师载	张师载十一月辛酉

乾隆	
方观	
尹继	
阿尔	寅，阿尔泰四川总督。杨应琚仍陕甘。
杨廷	
李侍	李侍尧湖广总督。陈宏谋署。
苏昌	
吴达	
杨锡	
方观	
高晋	
叶存	卒。叶存仁河东河道总督。

仁六月丁亥卒。李宏河东河道总督。

承

绶

善六月甲辰迁。刘藻云贵总督。

六月甲辰迁。李侍尧两广总督。

尧六月甲辰迁。吴达善湖广总督。

璋六月甲辰免。苏昌闽浙总督。

泰三月壬戌召。阿桂署。六月丙午，阿尔泰回

善

承

二十九年甲申

乾隆三十年乙酉	
方观承	
尹继善 三月乙未	
阿尔泰 杨应琚	四川总督。杨应琚仍陕甘。
苏昌	
吴达善	
李侍尧 六月己酉	
刘藻	
杨锡绂	
方观承	
高晋 三月乙未迁。	
李宏 三月乙未迁。	

乾隆三十一年丙戌	
方观承	
高晋	迁。高晋两江总督。
阿尔泰仍四川。杨	
苏昌	
吴达善正月丙戌迁。	
杨廷璋	忧。杨廷璋署两广总督。
刘藻正月丙戌迁。杨	
杨锡绂	
方观承	
李宏	李宏江南河道总督。
李清时	李清时河东河道总督。

应琚云贵总督。

刘藻湖广总督。二月壬寅降。定长湖广总督。

应琚正月丙戌迁。吴达善陕甘总督。

乾隆三十二年丁亥

方观承

高晋

阿尔泰　吴达善

苏昌

定长

杨廷璋　三月庚寅召。李侍尧仍任两广总督

杨应琚　三月乙丑召。明瑞云贵总督。鄂宁署。

杨锡绂

方观承

李宏

李清时　七月辛巳迁。嵇璜河东河道总督。

乾隆三十三年戊子
方观承八月壬申卒。杨廷璋直隶总督。
高晋
阿尔泰仍四川。 吴达善十二月甲子迁。明
苏昌正月丁未卒。崔应阶闽浙总督。
定长十二月甲子卒。吴达善湖广总督。
李侍尧
明瑞二月丙戌阵亡。鄂宁云贵总督。阿里衮
杨锡绂十二月己未卒。梁翥鸿署漕运总督。
方观承卒。杨廷璋兼直隶河道总督。
李宏
嵇璜

嵇璜	
李宏	
杨廷	
梁翥	
阿桂	暂管。六月壬午，鄂宁降。阿桂云贵总督。
李侍	
吴达	
崔应	
阿尔	山陕甘总督。
高晋	
杨廷	
乾隆	

二月甲寅降。吴嗣爵河东河道总督。

璋

鸿六月乙丑免。傅显漕运总督。黄登贤署。寻

正月辛卯免
兼。明德云贵总督。三月丙午降。

尧

善

阶

泰 明山

璋

三十四年己丑

傅显卒。黄登贤补。

阿思哈云贵总督。十月乙卯革。彰宝署云贵

乾隆三十五年庚寅
杨廷璋
高晋
阿尔泰十月壬午召。德福署四川总督。
崔应阶十月辛巳召。钟音署闽浙总督。
吴达善
李侍尧
彭宝
黄登贤十二月丙子降。崔应阶漕运总督。
杨廷璋
李宏
吴嗣爵

	吴嗣爵迁。八月庚午,姚立德
	李宏八月庚午卒。吴嗣爵江
	杨廷璋十月丁亥迁。周元理
督。	崔应阶
	彰宝正月辛亥召。德福暂署
	李侍尧
	吴达善五月辛丑迁。富明安
	钟音三月戊午,富明安闽浙
明山仍陕甘。	德福八月丁酉召。阿尔泰仍
	高晋八月庚寅差。萨载兼署
	杨廷璋十月丁亥迁。周元理
	乾隆三十六年辛卯

署河东河道总督。

南河道总督。

兼直隶河道总督。

云贵总督。

湖广总督。

总督。五月辛丑迁。钟音闽浙总督。

留。九月丁卯，文绶四川总督。十月迁。十一月

两江总督。

直隶总督。

丙辰，桂林四川总督。　明山五月辛丑免。吴

	姚立
	吴嗣
	周元
	崔应
	彰宝
	李侍
	富明
	钟音
达善陕甘总督。十月卒。文绶陕甘总督。	桂林
	高晋
	周元
	乾隆

德

爵

理

阶　正月癸卯迁。嘉谟署漕运总督。

尧

安　五月甲子卒。海明湖广总督。六月甲申迁。

五月丙午革。阿尔泰署四川总督。六月甲申，

理

三十七年壬辰

阿尔泰署。丙戌，海明仍任。辛卯卒。富勒浑湖

文绶四川总督。十二月丁亥革。刘秉恬四川

广总督。十二月丁亥，陈辉祖兼署。

总督。六月甲申，海明陕甘总督。勒尔谨署。

乾隆三十八年癸巳

周元理

高晋

刘秉恬六月甲寅降。富勒浑四川总督。 勒

钟音

富勒浑六月甲寅迁。文绶湖广总督。陈辉祖

李侍尧

彰宝

嘉谟

周元理

吴嗣爵

姚立德

乾隆三十九年甲午	
周元理	
高晋	
富勒浑　勒尔谨	尔谨仍陕甘。
钟音	
文绶	署。
李侍尧	
彭宝五月丙寅免。图恩德署云	
嘉谟	
周元理	
吴嗣爵	
姚立德	

	乾隆四十年乙未	乾隆四十一年丙
	周元理	周元理
	高晋	高晋
	富勒浑　勒尔谨	富勒浑二月己酉
	钟音	钟音
	文绶	文绶二月己酉迁。
	李侍尧	李侍尧
贵总督。	图思德	图思德
	嘉谟	嘉谟正月庚寅迁。
	周元理	周元理
	吴嗣爵	吴嗣爵三月癸未
	姚立德	姚立德

卒。萨载江南河道总督。

阿思哈署漕运总督。十月免。鄂宝漕运总督。

富勒浑湖广总督。

迁。文绶四川总督。勒尔谨三月甲申召。毕

申

乾隆四十二年丁酉	
周元理	
高晋	
文绶　勒尔谨	沅署陕甘总督。
钟音	
富勒浑五月丁亥迁。三宝湖	
李侍尧正月乙酉迁。杨景素	
图思德正月乙酉回原任。李	
鄂宝	
周元理	
萨载	
姚立德	

	姚立德
	萨载
	周元理
	鄂宝
侍尧云贵总督。	李侍尧
两广总督。	杨景素二月壬子迁。桂林两
广总督。	三宝
	钟音二月壬子迁。杨景素闽
	文绶　勒尔谨
	高晋
	周元理
	乾隆四十三年戊戌

	姚立德四月戊寅革。袁守侗河东河
	萨载正月乙未迁。李奉翰署江南河
	周元理三月丙申免。戊戌，杨景素兼。
	鄂宝
	李侍尧
广总督。	桂林十二月乙卯卒。巴延三两广总
	三宝三月戊戌迁。图思德湖广总督。
浙总督。	杨景素三月戊戌迁。三宝闽浙总督。
	文绶　勒尔谨
	高晋正月乙未卒。萨载两江总督。
	周元理三月丙申免。英廉署。戊戌，杨
	乾隆四十四年己亥

道总督。十二月辛未迁。陈辉祖河东河道总

道总督。

十二月辛未，袁守侗直隶河道总督。

督。

十二月戊午卒。富勒浑湖广总督。

景素直隶总督。十二月辛未卒。袁守侗直隶

督。	陈辉祖二月丙午迁。李奉翰河东河道
	李奉翰二月丙午迁。陈辉祖江南河道
	袁守侗
	鄂宝
	李侍尧三月丁酉革逮。福康安云贵总
	巴延三
	富勒浑六月乙卯迁。舒常湖广总督。
	三宝六月乙卯迁。富勒浑闽浙总督。
	文绶　勒尔谨
	萨载八月己巳忧。陈辉祖暂署两江总
总督。	袁守侗
	乾隆四十五年庚子

总督。八月己巳，国泰兼署河东河道总督。	李
总督。八月己巳，李奉翰署江南河道总督。	陈
	袁
	鄂
督。	福
	巴
	舒
	富
	文
督。萨载寻回任。	萨
	袁
	乾

奉翰正月癸卯迁。韩鑅河东河道总督。

辉祖正月癸卯迁。李奉翰江南河道总督。

守侗十一月戊辰忧。郑大进兼直隶河道总

宝

康安八月壬午迁。富纲云贵总督。刘秉恬署。

延三

常

勒浑正月癸卯召。陈辉祖闽浙总督。

绥八月壬午革。福康安四川总督。 勒尔谨

载

守侗十一月戊辰忧。郑大进直隶总督。

隆四十六年辛丑

	韩镓七月己
	李奉翰
督。	郑大进十月
	鄂宝
	富纲
	巴延三
	舒常
	陈辉祖九月
四月庚午革。李侍尧陕甘总督。	福康安 李
	萨载
	郑大进十月
	乾隆四十七

乾隆四	年壬寅
袁守侗	甲申卒。袁守侗署直隶总督。
萨载	
福康安	侍尧
富勒浑	辛亥革遣。富勒浑闽浙总督。
舒常	
巴延三	
富纲	
鄂宝二	
袁守侗	甲申卒。袁守侗兼署直隶河道总督。
李奉翰	
何裕城	未忧。何裕城署河东河道总督。

四月辛巳迁。兰第锡署河东河道总督。

五月丁未卒。刘峨直隶河道总督。

月乙丑迁。毓奇漕运总督。

四月辛巳迁。李世杰四川总督。　李侍尧二

五月丁未卒。刘峨直隶总督。

十八年癸卯

	乾隆四十九年
	刘峨
	萨载
月己巳召。毕沅署陕甘总督。	李世杰四川。
	富勒浑
	舒常正月丙辰
	巴延三正月丙
	富纲
	毓奇
	刘峨
	李奉翰
	兰第锡

	兰第
	李奉
	刘峨
	毓奇
	富纲
辰。召。舒常两广总督。永德署。	舒常
迁。特成额湖广总督。伊星阿署。	特成
	富勒
李侍尧五月己卯革。福康安陕甘总督。	李世
	萨载
	刘峨
甲辰	乾隆

锡

翰

三月戊辰迁。孙士毅署两广总督。七月己酉，

额

浑七月己酉迁。雅德闽浙总督。

杰四川。 福康安九月己酉赴阿克苏。庆桂

五十年乙巳

	兰第锡
	李奉翰
	刘峨
	毓奇
	富纲六月辛丑迁。特成额
富勒浑两广总督。	富勒浑四月己亥免。孙土
	特成额五月丁巳召。图萨
	雅德六月辛丑革。富纲闽
署陕甘总督。	李世杰三月丙辰迁。保宁
	萨载三月丙辰卒。李世杰
	刘峨
	乾隆五十一年丙午

云贵总督。十月辛亥革逮。富纲云贵总督。

毅兼署两广总督。

布署。己未，李侍尧兼。六月辛丑，毕沅任。十月

浙总督。常青兼署。十月辛亥，富纲迁。常青闽

四川总督。 福康安召。九月戊子，永保署陕

两江总督。

	兰第锡
	李奉翰
	刘峨
	毓奇
	富纲
	孙士毅
丁未降。李侍尧湖广总督。	李侍尧正月己卯
浙总督。	常青正月己卯迁。
甘总督。	保宁十一月乙酉
	李世杰十一月乙
	刘峨
	乾隆五十二年丁

迁。常青湖广总督。舒常署。十一月己酉，舒常

李侍尧闽浙总督。

迁。李世杰四川总督。 福康安六月庚辰差。

西迁。书麟两江总督。

未

乾隆五十三年戊申	
刘峨	
书麟	
李世杰　勒保	勒保署陕甘总督。
李侍尧 十一月癸亥卒。福	
舒常 七月丁丑免。毕沅 湖	补。
孙士毅	
富纲	
毓奇	
刘峨	
李奉翰	
兰第锡	

	兰第锡二月甲寅迁。李奉翰
	李奉翰二月甲寅迁。兰第锡
	刘峨
	毓奇六月甲子革。管干贞漕
	富纲
	孙士毅正月壬午召。福康安
广总督。舒常署。	毕沅
康安闽浙总督。	福康安正月壬午迁。伍拉纳
	李世杰十一月癸巳病免。孙
	书麟
	刘峨
	乾隆五十四年己酉

乾隆五十	
刘峨二月	
书麟五月	
孙士毅六	士毅署四川总督。勒保仍陕甘。
伍拉纳	闽浙总督。
毕沅	
福康安	两广总督。
富纲	
管干贞	运总督。
刘峨二月	
兰第锡	江南河道总督。
李奉翰	河东河道总督。

丁丑降。梁肯堂直隶河道总督。

月辛亥，迁。保宁署。十月甲子，鄂辉四川总督。

己酉革。福崧兼署两江总督。六月辛亥，孙士

丁丑降。梁肯堂直隶总督。

五年庚戌

	李奉翰
	兰第锡
	梁肯堂
	管干贞
	富纲
	福康安
	毕沅
	伍拉纳
勒保仍陕甘。	鄂辉八月甲子差。孙士毅署。
毅两江总督。	孙士毅四月辛未迁。书麟两
	梁肯堂
	乾隆五十六年辛亥

十一月辛巳，鄂辉革。惠龄四川总督。 勒保

江总督。

	乾隆五十七年壬子	乾隆五十八年
	梁肯堂	梁肯堂
	书麟	书麟
仍陕甘。	惠龄　勒保	惠龄八月庚午
	伍拉纳	伍拉纳
	毕沅	毕沅
	福康安	福康安八月庚
	富纲	富纲
	管干贞	管干贞
	梁肯堂	梁肯堂
	兰第锡	兰第锡
	李奉翰	李奉翰

李奉翰	
兰第锡	
梁肯堂	
管干贞	
富纲七	
长麟	午迁。长麟两广总督。
毕沅八	
伍拉纳	
福康安	迁。福康安四川总督。 勒保仍陕甘。
书麟七	
梁肯堂	
乾隆五	癸丑

月甲辰迁。福康安云贵总督。

月甲申降。福宁湖广总督。

七月甲辰迁。和琳四川总督。勒保仍陕甘。

月甲辰革。富纲两江总督。苏凌阿署。

十九年甲寅

乾隆六十年乙卯

梁肯堂

苏凌阿正月丙戌免。署。福宁两江总督。

和琳三月乙卯，孙士毅署四川总督。勒保，

伍拉纳五月丁巳革。福康安闽浙总督。长麟

福宁正月丙戌迁。毕沅湖广总督。

长麟

福康安五月丁巳迁。勒保云贵总督。

管干贞

梁肯堂

兰第锡

李奉翰

署。十月甲申革。魁伦兼署闽浙总督。

五月丁巳迁。宜绵陕甘总督。

清史稿卷一九九

表第三九

疆臣年表三 各省总督 河督漕督附

	直隶	两江	陕甘	四川	闽浙	湖广	两广	云贵	漕运	江南河道	河东河道
嘉庆元年丙辰	梁肯堂	福宁六月	宜绵十一	孙士毅六	魁伦	毕沅	长麟六月	勒保	管干贞五	兰第锡	李奉翰

月丙寅降。富纲漕运总督。

乙亥，朱珪两广总督。八月辛丑降。吉庆两广

月癸卯卒。福宁代。

月丙辰，赴宁剿匪。陆有仁暂署。

迁。苏凌阿署。

	李奉翰九月甲申迁。康基田任。十二月
	兰第锡十二月戊申卒。康基田江南河
	富纲
	勒保九月己丑迁。鄂辉云贵总督。
总督。	吉庆
	毕沅七月辛巳卒。姜晟署。九月己丑，勒
	魁伦
	福宁降。五月乙丑，宜绵兼办四川总督
	陆有仁五月乙丑革。英善代。十月，宜绵
	苏凌阿九月甲申迁。李奉翰两江总督。
	梁肯堂
	嘉庆二年丁巳

嘉庆三年戊	
梁肯堂正月	
李奉翰	
宜绵	陕甘总督。
勒保正月甲	事务。十月迁。
魁伦十一月	
勒保正月甲	保湖广总督。
吉庆	
鄂辉六月甲	
富纲六月甲	
康基田	道总督。
司马騊假。吴	戌申迁。司马騊河东河道总督。

璥署。	吴璥十一月
	康基田
寅迁。梁肯堂漕运总督。	梁肯堂二月
寅卒。富纲云贵总督。	富纲八月癸
	吉庆
申迁。三月癸酉，景安湖广总督。	景安三月庚
子忧免。福昌暂署闽浙总督。	福昌三月甲
申，四川总督。	勒保七月癸
	宜绵正月丙
	李奉翰二月
庚午迁。胡季堂直隶总督。	胡季堂
午	嘉庆四年己

壬戌，奕授。

戊申免。蒋兆奎漕运总督。十二月壬辰免。铁

巳忧免。长麟云贵总督。十月戊子迁。书麟云

午来京。倭什布湖广总督。

子调。汪志伊兼署。十月戊子，长麟闽浙总督。

酉革。魁伦署四川总督。

戌免。恒瑞署。二月己丑，松筠陕甘总督。

辛丑卒。费淳两江总督。

未

	吴敷二月戊子迁。王秉韬河东
	康基田二月戊子革。吴敷江南
保漕运总督。	铁保
贵总督。	书麟九月戊戌迁。琅玕云贵总
	吉庆
	倭什布正月丁丑免。姜晟湖广
王德署。	长麟正月辛酉迁。王德闽浙总
	魁伦三月辛巳革。勒保四川总
	松筠正月辛酉迁。长麟陕甘总
	费淳
	胡季堂九月丁亥假。颜检护。戊
	嘉庆五年庚申

嘉庆	
姜晟	戊，姜晟直隶总督。
费淳	
长麟	督。
勒保	督。
王德	督。
书麟	总督。松筠署。九月戊戌，书麟湖广总督。
吉庆	
琅玕	督。
铁保	
吴璥	河道总督。
王秉	河道总督。

韬

卒。四月壬戌，吴熊光湖广总督。

十一月丁丑来京。惠龄陕甘总督。

六月甲寅革。熊枚署。九月，陈大文直隶总督。

六年辛酉

王秉韬卒。嵇承志八月癸卯，署河东河道总

吴璥

铁保十一月辛卯迁。吉纶漕运总督。

琅玕

吉庆十一月庚寅解。长麟两广总督。胡图礼

吴熊光

王德

勒保

惠龄

费淳

陈大文四月辛丑病免。熊枚暂署。甲辰，颜检

嘉庆七年壬戌

嘉庆八年癸亥

颜检 署直隶总督。九月己巳，实授。

费淳六月戊子

惠龄

勒保

王德

吴熊光

瑚图礼正月庚 署。

琅玕

吉纶

吴璥

嵇承志 督。

	嵇承志四月丙子来京。
	吴璥十二月丙寅来京。
	吉纶
	琅玕七月己亥卒。伯麟
午，倭什布两广总督。	倭什布迁。十二月己酉，
	吴熊光
	王德
	勒保
	惠龄六月乙亥卒。那彦
调。陈大文两江总督。	陈大文
	颜检
	嘉庆九年甲子

徐端署。十二月丙寅迁。李特亨河东河道总

徐端江南河道总督。

云贵总督。永保署。

那彦成两广总督。

成署陕甘总督。十一月己酉，倭什布陕甘总

嘉庆十年乙丑
颜检六月庚申降。吴熊光直隶总督。十月
陈大文正月辛亥迁。铁保两江总督。
督。倭什布
勒保
玉德
吴熊光六月庚申迁。百龄湖广总督。十一
那彦成十月辛丑来京。吴熊光两广总督。
伯麟
吉纶
徐端
督。李特亨

	李特亨四月癸
	徐端改副总河。
	吉纶
	伯麟
	吴熊光
月丙辰革。全保湖广总督。	全保十月甲申
	玉德五月丙寅
	勒保十一月癸
	倭什布十月甲
	铁保
辛丑迁。裘行简署直隶总督。	裘行简九月壬
	嘉庆十一年丙

巳革。吴璥河东河道总督。

六月庚寅，戴均元江南河道总督。

迁。汪志伊湖广总督。瑚图礼署。

革。阿林保闽浙总督。温承惠署。

丑，统兵剿匪。特清额署四川总督。

申来京。全保陕甘总督。方维甸署。

申卒。秦承恩署。十月丁亥，温承惠署直隶总

寅

嘉庆十二年丁卯
督。温承惠九月甲寅，授直隶总督。
铁保
全保五月己未病免。长龄陕甘总督。蔡廷
勒保
阿林保
汪志伊
吴熊光
伯麟
吉纶五月己未迁。萨彬图漕运总督。
戴均元
吴璥

	嘉庆十三年戊辰
	温承惠
	铁保
衡护。	长龄
	勒保
	阿林保
	汪志伊
	吴熊光十一月壬午革。永保两广总督。
	伯麟
	萨彬图
	戴均元三月丙辰病免。徐端江南河道
	吴璥六月乙巳迁。马慧裕河东河道总

马	
吴	督。 总督。十二月庚申降。吴璥江南河道总督。
萨	
伯	
永	
汪	
阿	
勒	
长	
铁	
温	
嘉	

慧裕七月庚午迁。陈凤翔河东河道总督。
敢
彬图六月丙午革。胡克家任。七月庚午革。马
麟
保正月丁卯卒。百龄两广总督。
志伊
林保七月庚午迁。方维甸闽浙总督。
保
龄正月丙子革。和宁署。六月丙午，松筠陕甘
保七月庚午革。阿林保两江总督。十二月壬
承惠
庆十四年己巳

陈	
吴	
许	慧裕任。十二月庚寅降。许兆椿漕运总督。
伯	
百	
汪	
方	
勤	
那	总督。十二月壬辰迁。那彦成陕甘总督。
松	辰卒。松筠两江总督。章煦兼署。
温	
嘉	

凤翔十二月己亥迁。李特亨河东河道总督。

敦病免。七月辛巳，徐端代。十二月，陈凤翔江

兆椿

麟

龄

志伊九月壬戌迁。马慧裕湖广总督。

维甸九月壬戌回籍。汪志伊闽浙总督。

保二月丙申来京。常明四川总督。

彦成

筠

承惠

庆十五年庚午

吉纶署。	李特亨
南河道总督。	陈凤翔
	许兆椿
	伯麟
	百龄正月癸酉迁。松筠两广总
	马慧裕
	汪志伊
	常明
	那彦成
	松筠正月癸酉迁。勒保两江总
	温承惠
	嘉庆十六年辛未

嘉庆十七	
温承惠	
百龄	督。六月甲寅召。百龄两江总督。
那彦成	
常明	
汪志伊	
马慧裕	
蒋攸铦	督。九月乙未迁。蒋攸铦两广总督。
伯麟、	
许兆椿八	
陈凤翔八	
李特亨	

	李特亨九
月壬子革。黎世序江南河道总督。	黎世序
月丙寅迁。阮元漕运总督。	阮元
	伯麟
	蒋攸铦
	马慧裕
	汪志伊
	常明
	那彦成九
	百龄
	温承惠九
年壬申	嘉庆十八

月乙亥革。戴均元河东河道总督。

月己卯来京。长龄陕甘总督。

月乙亥差。章煦署。十月丙午，那彦成直隶总

年癸酉

	戴均元正月壬午迁。吴璥河东河
	黎世序
	阮元三月癸卯迁。桂芳任。四月壬
	伯麟
	蒋攸铦
	马慧裕
	汪志伊
	常明
	长龄三月癸卯迁。先福陕甘总督。
	百龄
督。章煦署。	那彦成
	嘉庆十九年甲戌

道总督。	吴璥正月癸卯迁。李
	黎世序
午卒。李奕畴漕运总督。	李奕畴
	伯麟
	蒋攸铦
	马慧裕
	汪志伊
	常明
高杞署。	先福
	百龄
	那彦成
	嘉庆二十年乙亥

鸿宾授。五月癸巳忧。李逢亨兼河东河道总

嘉庆二十一年丙子

那彦成六月壬戌革。方受畴直隶总督。

百龄十月病假。松筠署。十一月壬子，百龄

先福

常明

汪志伊

马慧裕五月辛卯迁。孙玉庭任。十一月壬

蒋攸铦

伯麟

李奕畴

黎世序

李逢亨回本任。十一月壬子，叶观潮河东督。

河道总督。	叶观潮
	黎世序
	李奕畴
	伯麟
	蒋攸铦九月癸丑迁。阮
子迁。阮元湖广总督。	阮元九月癸丑迁。庆保
	汪志伊三月甲辰病免。
	常明九月癸丑卒。蒋攸
	先福二月壬午革。和宁
卒。孙玉庭两江总督。	孙玉庭
	方受畴
	嘉庆二十二年丁丑

	叶观潮
	黎世序
	李奕畴
	伯麟
元两广总督。	阮元
湖广总督。	庆保
董教增闽浙总督。	董教增
铦四川总督。	蒋攸铦
署。癸未,长龄陕甘总督。	长龄
	孙玉庭
	方受畴
	嘉庆二十三年戊寅

叶观潮八月辛卯革。李鸿宾河东河道总督。
黎世序
李奕畴闰四月壬辰降。李鸿宾漕运总督。八
伯麟
阮元
庆保
董教增
蒋攸铦
长龄
孙玉庭
方受畴
嘉庆二十四年己卯

十月丁未降。叶观潮仍任。	叶观潮三月甲申
	黎世序
月癸巳迁。成宁漕运总督。	成宁
	伯麟四月乙亥迁。
	阮元
	庆保四月乙亥迁。
	董教增十二月丁
	蒋攸铦
	长龄
	孙玉庭
	方受畴
	嘉庆二十五年庚

革。四月，张文浩署河东河道总督。

庆保云贵总督。十二月丁亥迁。史致光云贵

张映汉湖广总督。十二月丙午来京。陈若霖

亥疾免。庆保闽浙总督。

辰

	河东河道	张文浩七月己未丁忧。
	江南河道	黎世序
	漕运	成宁六月戊戌来京。李
总督。	云贵	史致光
	两广	阮元
湖广总督。	湖广	陈若霖
	闽浙	庆保
	四川	蒋攸铦
	陕甘	长龄九月己巳陛见。朱
	两江	孙玉庭
	直隶	方受畴
	道光元年辛巳	

姚祖同署。癸巳，严烺河东河道总督。	严烺
	黎世序
鸿宾漕运总督。	李鸿宾
	史致光
	阮元
	陈若霖
	庆保八
	蒋攸铦
勋署陕甘总督。	长龄正
	孙玉庭
	方受畴
	道光二

道光	年壬午
颜检	正月壬子病免。颜检直隶总督。
孙玉	
那彦	月回任。八月辛未召。那彦成陕甘总督。
陈若	九月庚寅迁。陈若霖四川总督。
赵慎	月戊申来京。赵慎畛闽浙总督。
李鸿	九月庚寅迁。李鸿宾湖广总督。
阮元	
明山	八月丁未来京。明山云贵总督。
魏元	九月庚寅迁。魏元煜漕运总督。
黎世	
严烺	

道	三年癸未
蒋	四月甲辰来京。蒋攸铦直隶总督。
孙	庭
那	成
戴	霖 十二月辛酉来京。戴三锡署四川总督。
赵	昣
李	宾
阮	
明	
魏	煜
黎	序
严	

光四年甲申

攸铦

玉庭十一月甲寅免。魏元煜两江总督。

彦成

三锡

慎畛

鸿宾

元

山十二月己卯来京。长龄云贵总督。

元煜十一月甲寅迁。十二月戊辰，颜检漕运

世序二月丁酉卒。张文浩任。十一月辛亥免。

烺十一月辛亥调。张井署河东河道总督。

	张井
严烺江南河道总督。	严烺
总督。	颜检五月戊申来京。魏
	长龄九月乙酉调。赵慎
	阮元
	李鸿宾
	赵慎畛九月乙酉迁。孙
	戴三锡
	那彦成九月乙酉来京。
	魏元煜五月戊申调。琦
	蒋攸铦十月辛巳来京。
	道光五年乙酉

元煜漕运总督。六月卒。穆彰阿署。八月己未，

盼云贵总督。韩克均署。

尔准闽浙总督。

长龄陕甘总督。鄂山署。十月庚辰，长龄迁。杨

善两江总督。

那彦成直隶总督。

	张井三月癸巳调。严烺河
	严烺三月癸巳调。张井江
陈中孚漕运总督。	陈中孚七月壬午迁。穆彰
	赵慎畛五月丁酉卒。戊戌，
	阮元五月戊戌调。李鸿宾
	李鸿宾五月戊戌调。嵩孚
	孙尔准
	戴三锡
遇春署陕甘总督。	杨遇春七月癸巳差。鄂山
	琦善
	那彦成
	道光六年丙戌

东河道总督。

南河道总督。

阿起署。九月辛卯来京。杨懋恬署。十二月癸

阮元云贵总督。

两广总督。

湖广总督。

署陕甘总督。

道光七年丁	
那彦成十一	
琦善五月丙	
杨遇春	
戴三锡	
孙尔准	
嵩孚	
李鸿宾	
阮元	
讷尔经额	丑，讷尔经额漕运总督。琦善署。
张井	
严烺	

	严烺
	张井
	讷尔经额
	阮元
	李鸿宾
	嵩孚
	孙尔准
	戴三锡
	杨遇春
戊来京。蒋攸铦两江总督。	蒋攸铦
月庚戌差。屠之申署直隶总督。	屠之申
亥	道光八年戊

子	道光九年己丑
	屠之申四月己卯降。松筠署。六月己丑，那
	蒋攸铦
	杨遇春
	戴三锡四月癸酉来京。琦善四川总督。
	孙尔准
	嵩孚
	李鸿宾
	阮元
	讷尔经额三月戊午调。朱桂桢漕运总督。
	张井
	严烺

	严烺
	张井
	朱桂桢八月壬午调。吴
	阮元
	李鸿宾
	嵩孚十一月壬午降。卢
	孙尔准
	琦善
	杨遇春九月戊午，赴肃
	蒋攸铦六月辛卯假。陶
彦成回直隶总督任。	那彦成
	道光十年庚寅

道光十一	
那彦成二	
陶澍	澍两江总督。
杨遇春正	州办后路军需。鄂山署陕甘总督。
琦善二月	
孙尔准	
卢坤	坤湖广总督。
李鸿宾	
阮元	
吴邦庆十	邦庆署漕运总督。
张井	
严烺十月	

道	年辛卯
琦	月乙未革。琦善直隶总督。
陶	
杨	月丁丑回。
鄂	乙未调。鄂山四川总督。那彦宝署。
孙	
卢	
李	
阮	
苏	二月乙巳调。苏成额漕运总督。张井兼署。
张	
林	乙酉病免。林则徐河东河道总督。

则徐二月乙未调。吴邦庆河东河道总督。	吴
井九月丁未革留。	张
成额	苏
元	阮
鸿宾八月甲午革。卢坤两广总督。禧恩署。	卢
坤八月甲午调。讷尔经额湖广总督。	讷
尔准二月乙未卒。程祖洛闽浙总督。	程
山	鄂
遇春	杨
澍	陶
善	琦
光十二年壬辰	道

邦庆

井三月戊戌病免。麟庆江南河道总督。四月

成额四月戊戌申迁。贵庆漕运总督。九月壬辰

元人觐。伊里布兼署云贵总督。八月，阮元回

坤

尔经额

祖洛

山

遇春

澍

善

光十三年癸巳

庚申丁忧。张井暂署。八月甲辰，麟庆仍署江

迁。嵩溥漕运总督。恩铭署。

任。

	吴邦庆
南河道总督。	麟庆
	嵩溥五月己巳迁。恩铭漕运总
	阮元
	卢坤
	讷尔经额
	程祖洛
	鄂山
	杨遇春
	陶澍
	琦善
	道光十四年甲午

	吴邦庆
	麟庆
督。十一月壬申迁。朱为弼漕运总督。	朱为弼
	阮元二
	卢坤七
	讷尔经
	程祖洛
	鄂山
	杨遇春
	陶澍
	琦善
	道光十

五月戊寅来京。栗毓美河东河道总督。十月

八月丁丑假。恩特亨额漕运总督。

月己亥入阁。伊里布云贵总督。

月庚辰卒。邓廷桢两广总督。祁𡎴署。

额

正月丙戌病免。瑚松额陕甘总督。

五年乙未

辛酉觐。钟祥署。	栗毓美
	麟庆
	恩特亨额
	伊里布
	邓廷桢
	讷尔经额
	程祖洛七月癸未忧。钟祥闽
	鄂山
	瑚松额
	陶澍
	琦善
	道光十六年丙申

	道光十七年丁酉
	琦善 三月丁亥忧。穆彰阿
	陶澍
	瑚松额
	鄂山
浙总督。魏元烺署。	钟祥
	讷尔经额 正月庚子降。林
	邓廷桢
	伊里布
	恩特亨额 五月己卯迁。周
	麟庆
	栗毓美

道光十八	署。六月乙未，琦善仍署直隶总督。
琦善	
陶澍	
瑚松额	
鄂山闰四	
钟祥	
林则徐九	则徐湖广总督。
邓廷桢	
伊里布	
周天爵十	天爵漕运总督。
麟庆	
栗毓美	

一月癸丑调。铁麟署漕运总督。

月庚申召。伍长华兼署。十一月癸丑，林则徐

月甲申迁。宝兴四川总督。七月戊申迁。苏廷

年戊戌

道光十	
琦善	
陶澍三	
瑚松额	
宝兴	玉署。十一月壬子降。宝兴四川总督。
钟祥六	差。周天爵署湖广总督。
林则徐	
邓廷桢	
伊里布	
周天爵	
麟庆	
栗毓美	

回。四月丁丑调。朱澍漕运总督。

十二月己卯调。邓廷桢云贵总督。甲申迁。桂

十二月己卯调。林则徐两广总督。

三月乙巳调。桂良湖广总督。辛卯调。周天爵

月丙寅革。周天爵闽浙总督。辛卯调。桂良闽

月乙巳病免。林则徐两江总督。陈銮署。十二

九年己亥

良云贵总督。吴文熔兼署。

湖广总督。

浙总督。十二月甲申调。邓廷桢闽浙总督。

月癸亥卒。林则徐调。麟庆署。己卯，伊里布两

	栗毓美二月甲申卒。文冲河东河道
	麟庆
	朱澍
	桂良
	林则徐九月庚寅来京。琦善署两广
	周天爵十一月戊申革。裕泰湖广总
	邓廷桢九月辛卯来京。颜伯焘闽浙
	宝兴
	瑚松额六月戊子迁。讷尔经额陕甘
江总督。	伊里布七月丁酉差。裕谦署两江总
	琦善八月己卯差。讷尔经额调署直
	道光二十年庚子

总督。

总督。怡良暂护。

督。

总督。吴文熔护。乙未，邓廷桢革。

总督。八月己卯调。胡松额署。十二月癸未召。

督。

隶总督。

	文冲革。八月庚寅，朱襄河东河
	麟庆
	朱澍
	桂良
	琦善二月辛酉革。祁𪣻两广总
	裕泰
	颜伯焘十二月戊子革。杨国桢
	宝兴
恩特亨额署。	恩特亨额二月辛酉，授陕甘总
	裕谦正月癸丑差。程矞采护。九
	讷尔经额
	道光二十一年辛丑

道总督。王鼎署。

督。

闽浙总督。

督。

月丙辰，牛鉴署。己未，裕谦殉难。牛鉴两江总

道光二十二年壬寅
讷尔经额
牛鉴九月己未革逮。耆英两江总督。
恩特亨额三月丙子卒。富呢扬阿陕甘总督。
宝兴
杨国桢正月丙辰病免。怡良闽浙总督。
裕泰
祁𡎴
桂良
朱澍九月戊午回籍。周天爵署。十一月丙
麟庆八月戊子革。潘锡恩江南河道总督。
慧成九月辛酉，署河东河道总督。

辰忧。廖鸿荃署。十二月辛巳来京。李湘棻署

督。

	道光二十三年癸卯
	讷尔经额
	耆英三月庚戌差。璧昌署。孙宝善
	富呢扬阿
	宝兴
	怡良五月戊辰病免。刘韵珂闽浙
	裕泰
	祁埙
	桂良
漕运总督。	李湘棻
	潘锡恩
	慧成七月戊申革。钟祥河东河道

道光二十四年甲	
讷尔经额	
耆英二月戊戌迁。	护。九月己酉，耆英仍回任。
富呢扬阿	
宝兴	
刘韵珂	总督。
裕泰	
祁埙二月戊戌病	
桂良十一月己巳	
李湘棻三月丙申	
潘锡恩	
钟祥	总督。

	钟祥
	潘锡恩
丁忧。惠吉漕运总督。	惠吉正月庚午迁。
艱。吴其浚兼云贵总督。	桂良四月癸卯免。
免。耆英两广总督。	耆英
	裕泰
	刘韵珂
	宝兴
	富呢扬阿四月壬
璧昌两江总督。孙宝善护。	璧昌
	讷尔经额
辰	道光二十五年乙

程矞采漕运总督。

贺长龄云贵总督。壬子覲。郑祖琛兼署。

子卒。惠吉任。邓廷桢署。十一月辛酉，惠吉卒。

巳

道光二十六年	
讷尔经额	
璧昌	
布彦泰	布彦泰陕甘总督。林则徐署。
宝兴十二月庚	
刘韵珂	
裕泰	
耆英	
贺长龄八月乙	
程矞采十二月	
潘锡恩	
钟祥	

道光二十	丙午
讷尔经额	
璧昌正月	
布彦泰八	
琦善	午来京。琦善四川总督。
刘韵珂	
裕泰	
耆英十二	
李星沅三	亥降。李星沅云贵总督。陆建瀛署。
杨殿邦	戊申调。杨殿邦署漕运总督。
潘锡恩	
钟祥	

月乙未调。林则徐云贵总督。程矞采署。

月甲戌来京。徐广缙署两广总督。

月甲子，赴肃州督办。杨以增署。九月辛巳，布

乙酉觐。陆建瀛署。三月丁未，璧昌迁。李星沅

七年丁未

道光二十八年戊申	
讷尔经额	
李星沅	两江总督。
布彦泰	彦泰回陕甘总督。
琦善	
刘韵珂	
裕泰	
耆英六月丙午留京。徐广	
林则徐	
杨殿邦	
潘锡恩九月甲戌病免。杨	
钟祥	

道光二十九	
讷尔经额	
李星沅四月	
布彦泰九月	
琦善九月甲	
刘韵珂	
裕泰	
徐广缙	缙授两广总督。
林则徐七月	
杨殿邦	
杨以增	以增江南河道总督。李星沅署。
钟祥闰四月	

辛未卒。颜以燠河东河道总督。徐泽醇署。

己未病免。程矞采云贵总督。

辰调。裕诚署。己酉，徐泽醇四川总督。

甲辰病免。琦善署陕甘总督。九月己酉实授。

壬寅病免。陆建瀛两江总督。

年己酉

颜以燠
杨以增
杨殿邦
程矞采十一月丙午调。吴文熔云贵总督。十
徐广缙
裕泰十一月丙午调。程矞采湖广总督。龚裕
刘韵珂十一月丙午病卸。裕泰闽浙总督。徐
徐泽醇
琦善
陆建瀛
讷尔经额
道光三十年庚戌

二月壬申，张亮基署。
署。
继畬署。

清史稿卷二〇〇

表第四〇

疆臣年表四 各省总督 河督漕督附

	直隶	两江	陕甘	四川	闽浙	湖广	两广	云贵	总漕	江南河道	河东河道
咸丰元年辛亥	讷尔经额	陆建瀛	琦善五月	徐泽醇	裕泰五月	程矞采	徐广缙	吴文熔	杨殿邦	杨以增	颜以燠

乙巳迁。季芝昌闽浙总督。九月乙丑病假。裕

甲辰，萨迎阿暂署。乙巳，裕泰陕甘总督。闽八

瑞兼署闽浙总督。

月辛亥，萨迎阿召。舒兴阿署。十月癸卯，裕泰

	颜以燠六月戊戌降。慧成任。陆
	杨以增
	杨殿邦
	吴文镕十月壬辰迁。罗绕典云
	徐广缙七月壬申赴湘会剿。叶
	程矞采九月己酉革。徐广缙署。
	季芝昌七月己酉假。王懿德兼署。
	徐泽醇七月壬申召。裕瑞兼署。
卒。舒兴阿补。	舒兴阿
	陆建瀛
	讷尔经额
	咸丰二年壬子

应谷署。十二月辛巳，慧成迁。福济河东河道

贵总督。

名琛两广总督。

十二月辛丑革逮。张亮基署湖广总督。

署。十一月壬辰，季芝昌免。吴文熔闽浙总督。

十二月辛巳，徐泽醇迁。慧成署四川总督。

总督。	福济三月辛未迁。长臻河东河道总督。
	杨以增
	杨殿邦三月辛未革。福济任。查文经护。
	罗绕典五月壬子，吴振棫兼署云贵总
	叶名琛
	张亮基降调。八月己卯，吴文熔湖广总
	吴文熔二月己亥，王懿德兼署。六月辛
	慧成八月己卯迁。裕瑞四川总督。
	舒兴阿五月庚申差。易棠署陕甘总督。
	陆建瀛正月壬申被劾。祥厚署。二月王
	讷尔经额九月丙午革。桂良直隶总督。
	咸丰三年癸丑

十二月甲午，福济迁。邵灿漕运总督。杨以增

督。

督。

巳，有凤兼署。八月己卯，吴文熔调。慧成闽浙

辰，江宁失守，死之。怡良两江总督。杨文定署。

咸丰四年甲寅	
桂良	
恰良	
易棠	
裕瑞九月丁亥撤。黄宗汉四	
慧成正月戊午差。王懿德闽	总督。有凤仍署。
吴文熔二月辛巳阵亡。台涌	
叶名琛	
罗绕典十一月戊子卒。恒春	
邵灿	兼署。
杨以增	
长臻	

咸丰五年乙	
桂良	
怡良	
易棠	
黄宗汉	川总督。乐斌兼署。
王懿德	浙总督。
杨霈四月己	任。六月癸未革。杨霈湖广总督。
叶名琛	
恒春	云贵总督。
邵灿	
杨以增	
长臻五月庚	

寅卒。李钧河东河道总督。蒋启扬署。	李钧
	杨以增
	邵灿
	恒春
	叶名琛
未革。官文湖广总督。	官文
	王懿德
	黄宗汉
	易棠九
	怡良
	桂良十
卯	咸丰六

正月庚申卒。庚长江南河道总督。邵灿兼署。

八月戊子召。吴振棫四川总督。乐斌署。

月壬午病免。乐斌陕甘总督。常绩护。

二月己酉迁。谭廷襄署直隶总督。

年丙辰

咸丰七年丁巳
谭廷襄
怡良四月癸巳病免。何桂清两江总督。赵德
乐斌
吴振棫六月乙亥迁。王庆云四川总督。有凤
王懿德
官文
叶名琛十二月己未革。黄宗汉两广总督。柏
恒春六月乙亥自尽。吴振棫云贵总督。桑春
邵灿
庚长
李钧

	李钧
	庚长
	邵灿
荣署。	吴振棫十一月己亥病免。张亮基云贵
贵署。	黄宗汉
	官文
	王懿德六月戊辰假。庆端署闽浙总督。
署。	王庆云
	乐斌
毓署。	何桂清
	谭廷襄六月己未革。庆祺直隶总督。瑞
	咸丰八年戊午

	李钧三月己酉卒。黄赞汤河东河道总
	庚长
	邵灿四月己未病免。袁甲三漕运总督。
总督。	张亮基
	黄宗汉四月壬寅迁。王庆云任。柏贵署。
	官文
	王懿德四月壬戌病免。庆端闽浙总督。
	王庆云四月壬寅迁。黄宗汉四川总督。
	乐斌十一月丁亥陛见。林扬祖署陕甘
	何桂清
麟署。	庆祺二月壬戌卒。恒福直隶总督。文煜
	咸丰九年己未

咸丰	
恒福	署。
何桂	
乐斌	总督。
曾望	有凤署。十月庚子,曾望颜四川总督。
庆端	
官文	
劳崇	九月戊寅,庆云病免。劳崇光两广总督。
张亮	
联英	庚长兼署。十月乙卯,联英署。
庆长	
黄赞	督。瑛棨署。

汤

五月己亥革。王梦龄兼署。六月裁。

闰三月癸亥病免。王梦龄署漕运总督。

基十月庚辰病免。刘源灏云贵总督。徐之铭

光

颜六月丁亥革。东纯兼署。七月丁未卒。崇实

八月己卯人援。林扬祖署陕甘总督。九月辛

清四月癸未革。曾国藩两江总督。徐有壬署。

十年庚申六月庚辰，裁江南河道总督。

	黄赞汤
	王梦龄十一月庚
兼署。庚辰，亮基暂留。	刘源灏七月戊申
	劳崇光
	官文
	庆端
署四川总督。	崇实
亥，福济署。十月，乐斌回任。	乐斌
癸巳殉。薛焕暂署。	曾国藩
	恒福正月丙午病
	咸丰十一年辛酉

河	
漕	戌来京。吴棠署漕运总督。
云	召。福济云贵总督。十一月壬寅革。潘铎署。
两	
湖	
闽	
四	
陕	
两	
直	免。文煜直隶总督。
同	

道	黄赞汤七月乙巳迁。谭廷襄河东河道总
运	吴棠
贵	潘铎
广	劳崇光闰八月甲辰罢。刘长佑两广总督。
广	官文
浙	庆端迁。七月甲辰，耆龄闽浙总督。
川	骆秉章
甘	乐斌革。正月丙申，麟魁陕甘总督。戊戌卒。
江	曾国藩
隶	文煜十二月甲辰罢。刘长佑直隶总督。崇
治	元年壬戌

同治	
刘长	厚署。
曾国	
熙麟	沈兆霖署。七月庚子卒。熙麟任。恩麟护。
骆秉	
耆龄	
官文	
晏端	十二月甲辰迁。晏端书署。
潘铎	
吴棠	
谭廷	督。

二年癸亥	同治三年
佑	刘长佑
藩	曾国藩
	熙麟五月
章	骆秉章
三月甲子迁。左宗棠闽浙总督。	左宗棠
	官文
书五月丙寅罢。毛鸿宾两广总督。	毛鸿宾
殉。四月丁酉，劳崇光云贵总督。	劳崇光
	吴棠
襄	谭廷襄七

月庚戌迁。郑敦谨河东河道总督。

乙巳病免。杨岳斌陕甘总督。都兴阿署。恩麟

甲子

同治四年乙丑
刘长佑
曾国藩赴山东督师。李鸿章署两江总督。
护。
杨岳斌
骆秉章假。八月甲辰，崇实署四川总督。骆
左宗棠
官文
毛鸿宾二月丙子罢。吴棠署两广总督。瑞
劳崇光
吴棠二月丙子迁。彭玉麟漕运总督。四月
郑敦谨四月己巳迁。张之万河东河道总

同治五年丙寅	
刘长佑	
李鸿章十一月丙辰剿匪。曾国	
杨岳斌八月癸卯罢。左宗棠陕	
骆秉章	秉章寻回任。
左宗棠八月癸卯迁。吴棠闽浙	
官文十一月丁巳免。谭廷襄署	
瑞麟	麟署。
劳崇光	
吴棠八月癸卯迁。张之万漕运	丁卯，吴棠留。
张之万八月癸卯迁。苏廷魁河	督。

东河道总督。	苏廷魁
总督。	张之万
	劳崇光二月癸丑卒。张凯
	瑞麟
湖广总督。	官文正月丙寅罢。李鸿章
总督。英桂兼署。	吴棠七月庚申差。英桂兼
	骆秉章十二月丁酉卒。吴
甘总督。穆图善署。	穆图善
藩回两江总督。	曾国藩
	刘长佑十一月癸丑罢。官
	同治六年丁卯

嵩云贵总督。宋延春护。

湖广总督。李瀚章署。十二月庚子，瀚章迁。郭

署。十二月丁酉，吴棠迁。马新贻闽浙总督。

棠四川总督。崇实署。

文署直隶总督。

	苏廷魁
	张之万
	张凯嵩二月癸丑罢。刘岳昭云贵总
	瑞麟
柏葰署。	郭柏荫
	马新贻七月乙未迁。英桂闽浙总督。
	吴棠
	穆图善
	曾国藩七月乙未迁。马新贻两江总
	官文七月乙未罢。曾国藩直隶总督。
	同治七年戊辰

同治八年己巳

曾国藩

督。马新贻

穆图善十月卸。左宗棠陕甘总督。

吴棠

英桂

郭柏荫卸。李鸿章正月壬午任。十二月甲

瑞麟

督。刘岳昭

张之万

苏廷魁

同治九年庚午	
曾国藩八月丁酉迁。	
马新贻八月丁酉被	
左宗棠	
吴棠	
英桂	
李鸿章八月丁酉迁。	辰，贵州督师。李瀚章署。
瑞麟	
刘岳昭	
张之万闰十月丙子	
苏廷魁	

	苏廷魁八月庚
迁。张兆栋漕运总督。	张兆栋六月戊
	刘岳昭
	瑞麟
李瀚章湖广总督。	李瀚章
	英桂正月乙卯
	吴棠
	左宗棠
刺。曾国藩两江总督。魁玉署。	曾国藩
李鸿章直隶总督。	李鸿章
	同治十年辛未

辰罢。乔松年河东河道总督。

寅迁。苏凤文漕运总督。十二月甲申，张树声

人觐。文煜兼署闽浙总督。十一月己丑，李鹤

同治十一年壬申	
李鸿章	
曾国藩二月丙寅卒。何璟署两江总督。	
左宗棠	
吴棠	
李鹤年	年代。
李瀚章	
瑞麟	
刘岳昭	
张树声未任。二月丙辰，恩锡署漕运总	代。
乔松年	

	乔松年
督。丙寅迁。文彬代署。	文彬十月壬午调。
	刘岳昭八月癸未
	瑞麟
	李瀚章
	李鹤年
	吴棠
	左宗棠
十月丙子忧免。张树声署。	张树声正月丙戌
	李鸿章
	同治十二年癸酉

同治十三年	
李鸿章	
李宗羲十二	迁。李宗羲两江总督。
左宗棠	
吴棠	
李鹤年	
李瀚章	
瑞麟九月丁	
岑毓英	入觐。岑毓英兼署云贵总督。
文彬	恩锡署漕运总督。文彬寻回任。
乔松年	

光绪元年		甲戌
直隶	李	
两江	刘	月癸酉病免。刘坤一署两江总督。
陕甘	左	
四川	吴	
闽浙	李	
湖广	李	
两广	张	未卒。英翰两广总督。张兆栋兼署。
云贵	岑	
漕运	文	
河道	乔	
东三省		

松年二月戊子卒。曾国荃河东河道总督。

彬

毓英十一月己亥，刘长佑云贵总督。毓英仍

兆栋二月壬辰卸。英翰两广总督。八月丁卯

瀚章五月壬子差。翁同爵兼署湖广总督。

鹤年

棠十二月甲申病免。李瀚章四川总督。文格

宗棠

坤一四月壬辰，沈葆桢两江总督。

鸿章

乙亥

	曾国荃八月丁酉
	文彬
署。	岑毓英四月乙酉
免。刘坤一代。张兆栋仍署。	刘坤一
	翁同爵八月丁酉,
	李鹤年三月丙寅
护。	文格
	左宗棠
	沈葆桢
	李鸿章
	光绪二年丙子

迁。李鹤年河东河道总督。

卸。刘长佑云贵总督。

李瀚章复授湖广总督。

陛见。文煜署。鹤年八月丁酉迁。何璟，闽浙总

	光绪三年丁丑
	李鸿章
	沈葆桢
	左宗棠
	文格 三月壬午卸。丁宝桢四川
督。文煜仍署。	何璟
	李瀚章
	刘坤一
	刘长佑
	文彬
	李鹤年

	光绪四年戊寅
	李鸿章
	沈葆桢二月乙巳假。吴元炳署两江总
	左宗棠
总督。	丁宝桢
	何璟
	李瀚章
	刘坤一十一月庚午假。裕宽署两广总
	刘长佑
	文彬
	李鹤年

光绪五年己卯	
李鸿章	
沈葆桢三月庚申入觐。吴元	督。五月，葆桢回。
左宗棠	
丁宝桢	
何璟	
李瀚章	
刘坤一十一月甲申迁。张树	督。
刘长佑	
文彬八月癸亥入觐。薛允升	
李鹤年	

署漕运总督。

声两广总督。裕宽署。

炳署。五月辛巳，葆桢回。十一月乙亥卒。甲申，

	光绪六年庚辰
	李鸿章
刘坤一两江总督。	刘坤一六月癸卯任。
	左宗棠十一月戊申入觐。
	丁宝桢
	何璟
	李瀚章
	裕宽四月己酉卸。张树声
	刘长佑
	薛允升卸。文彬回。六月卒。
	李鹤年

	李鹤年八月壬
黎培敬漕运总督。谭钧培护。	黎培敬五月丙
	刘长佑
任。	张树声
	李瀚章
	何璟
	丁宝桢
杨昌浚陕甘总督。	杨昌浚二月癸
	刘坤一七月戊
	李鸿章
	光绪七年辛巳

申迁。勒方锜河东河道总督。丁亥病免。梅启

子迁。周恒祺漕运总督。

巳，曾国荃陕甘总督。八月壬午病免。谭钟麟

子来京。彭玉麟署。九月乙未，左宗棠两江总

照代。	梅启照
	周恒祺正月辛亥免。庆裕署漕运
	刘长佑五月壬辰入觐。岑毓英云
	张树声二月戊子迁。裕宽暂兼署。
	李瀚章三月乙未忧免。涂宗瀛湖
	何璟
	丁宝桢
陕甘总督。	谭钟麟
督。	左宗棠
	李鸿章三月戊子丁忧。张树声署
	光绪八年壬午

梅启照二月庚	
庆裕二月庚辰	总督。
岑毓英	贵总督。
曾国荃六月戊	四月己巳，曾国荃两广总督。
涂宗瀛五月壬	广总督。彭祖贤兼署。
何璟	
丁宝桢	
谭钟麟	
左宗棠	
张树声六月戊	直隶总督。
光绪九年癸未	

辰革。庆裕河东河道总督。十二月戊辰迁。成

迁。杨昌浚漕运总督。谭钧培护。

午来京。张树声回任两广总督。

寅免。卞宝第署湖广总督。

午回本任。李鸿章直隶总督。

	光绪十年甲申
	李鸿章
	左宗棠正月乙未假。裕禄两江总督。癸
	谭钟麟
	丁宝桢
	何璟七月己巳召。杨昌浚闽浙总督。张
	卞宝第
	张树声四月壬申病免。张之洞两广总督
	岑毓英
	杨昌浚七月丁巳差。孙凤翔署。王加敏
孚代。	成孚

光绪十	
李鸿章	
曾国荃	卯，曾国荃署。
谭钟麟	
丁宝桢	
杨昌浚	兆栋兼署。
卞宝第	
张之洞	督。
岑毓英	
吴元炳	护。己巳，吴元炳漕运总督。孙凤翔署。
成孚	

二月乙未迁。丙申，崧骏漕运总督。

二月乙未回本任。裕禄署湖广总督。

一年乙酉九月庚子，闽浙总督兼管福建巡

抚。

光绪十二年丙戌	李鸿章	曾国荃	谭钟麟	丁宝桢五月己亥卒。刘秉璋四川总督。游	杨昌浚	裕禄	张之洞	岑毓英	崧骏五月庚子迁。卢士杰署漕运总督。	成孚

智开护。

光绪十三年丁亥
李鸿章
曾国荃七月甲戌入觐。裕禄署。九月
谭钟麟
刘秉璋
杨昌浚
裕禄四月庚午入觐。奎斌兼署湖广
张之洞
岑毓英
卢士杰
成孚九月癸未革。李鹤年署河东河

道总督。	李鹤年七月庚申革。
	卢士杰九月甲戌卒。
	岑毓英
	张之洞
总督。九月壬申，裕禄回。	裕禄
	杨昌浚二月丁未迁。
	刘秉璋
	谭钟麟二月丁未病
庚申，国荃回。	曾国荃
	李鸿章
	光绪十四年戊子

吴大	吴大澂署河东河道总督。李鸿藻暂署。
李瀚	李瀚章漕运总督。徐文达护。
岑毓	
张之	
裕禄	
卞宝	卞宝第署闽浙总督。
刘秉	
杨昌	免。杨昌濬陕甘总督。
曾国	
李鸿	
光绪	

澄

章七月丙辰迁。松椿漕运总督。徐文达护。

英六月丙子卒。王文韶云贵总督。谭钧培署。

洞七月丙辰迁。李瀚章署两广总督。

七月甲寅迁。丙辰，张之洞湖广总督。

第

璋

浚

荃

章

十五年己丑

光绪十六年庚寅	
李鸿章	
曾国荃	十月丁未卒。刘坤一两江总督。沈秉
杨昌浚	
刘秉璋	
卞宝第	
张之洞	
李瀚章	
王文韶	
松椿	
吴大澄	正月癸亥假。倪文蔚署。二月己卯，大

澄忧。许振祎河东河道总督。	许振祎
	松椿
	王文韶
	李瀚章
	张之洞
	卞宝第
	刘秉璋
	杨昌浚
成署。	刘坤一三月乙
	李鸿章
	光绪十七年辛

光绪十八年壬辰	卯
李鸿章	
刘坤一	酉任。沈秉成卸。
杨昌浚	
刘秉璋	
卞宝第五月己卯病免。乙酉，	
张之洞	
李瀚章	
王文韶	
松椿	
许振祎	

光绪十九年癸巳	
李鸿章	
刘坤一	
杨昌浚	
刘秉璋	
谭钟麟	谭钟麟闽浙总督。希元署。
张之洞	
李瀚章	
王文韶	
松椿	
许振祎十一月王	

寅入觐。裕宽兼署河东河道总督。	许振祎
	松椿七月
	王文韶九
	李瀚章
	张之洞九
	谭钟麟十
	刘秉璋十
	杨昌浚
	刘坤一召。
	李鸿章
	光绪二十

甲戌，祝报。邓华熙署漕运总督。

月辛亥召。谭钧培兼署云贵总督。十一月卒。

月丙辰召。谭继洵兼署湖广总督。

月丁卯迁。边宝泉闽浙总督。

月丁卯开缺。谭钟麟四川总督，未任。

十月戊申，张之洞署两江总督。

年甲午

	光绪二十一年乙未
	李鸿章正月辛未召。王文韶直隶
	张之洞
	杨昌浚十月辛未免。陶模署陕甘
	刘秉璋三月癸巳革。鹿传霖四川
	边宝泉
	谭继洵　十一月甲寅，张之洞回
	李瀚章免。三月癸巳，谭钟麟署两
岑毓宝护。	岑毓宝正月庚辰卸。崧蕃云贵总
	松椿
	许振祎十二月戊辰迁。刘树堂兼

署河东河道总督。	任道熔正月壬寅，河东河
	松椿
督。	崧蕃
广总督。	谭钟麟
任。	张之洞
	边宝泉
总督。	鹿传霖
总督。	陶模
	刘坤一正月壬子，回两江
总督。	王文韶
	光绪二十二年丙申

	光绪二十三年丁酉
	王文韶
总督。	刘坤一
	陶模
	鹿传霖九月戊辰来京。李秉衡四川
	边宝泉
	张之洞
	谭钟麟
	崧蕃
	松椿
道总督。	任道熔

总督。恭寿署。十一月癸卯，裕禄四川总督。

任
松
桧
谭
张
边
恭
陶
刘
王
光

道熔七月乙丑裁。九月戊辰，任道熔仍任河

椿

蕃

钟麟

之洞召。闰三月庚午，谭继洵兼署湖广总督。

宝泉九月辛酉免。许应骙闽浙总督。增祺署。

寿署。五月丙子，奎俊四川总督。七月，恭寿卒。

模

坤一

文韶四月己酉召。荣禄直隶总督。八月甲午

绪二十四年戊戌七月乙丑，裁河东河道总

督。九月戊辰复设。	迁。裕禄直隶总督。袁世凯护。			文光护。十一月甲辰，奎俊任。		四月甲午，之洞回任。				东河道总督。														
光绪二十五年	裕禄	刘坤一十一月	陶模十月甲辰	奎俊	许应骙	张之洞	谭钟麟十一月	崧蕃	松椿	任道熔四月癸														

光绪	己亥
裕禄	
刘坤	丙寅入觐。鹿传霖署两江总督。
魏光	入觐。魏光焘署陕甘总督。
奎俊	
许应	
张之	
李鸿	辛酉召。李鸿章署两广总督。德寿暂署。
崧蕃	
松椿	
任道	已假。裕长兼署河东河道总督。

熔二月丙辰入觐。裕长兼署河东河道总督。

十月壬寅免。张人骏漕运总督。

十月壬午迁。魏光焘云贵总督。丁振铎兼护。

章六月癸未迁。德寿兼署。闰八月壬寅，陶模

洞

骙

焘十月壬午迁。崧蕃陕甘总督。何福堃护。十

一四月丙子，回两江总督。

六月癸未，李鸿章直隶总督。七月庚戌，裕禄

二十六年庚子

光绪二

李鸿章 殉。癸亥，廷雍署。闰八月丁未，鸿章任。

刘坤一

李廷箫 一月癸未，李廷箫代护。

奎俊

许应骙

张之洞

陶模 两广总督。

魏光焘

张人骏

任道熔 四月壬午，道熔回任。

四月辛丑迁。锡良河东河道总督。

九月己丑迁。庚寅，恩寿漕运总督。沈瑜庆护。

五月丙寅任。

正月丙子卒。何福堃护。二月甲子，崧蕃陕甘

九月己丑卒。袁世凯署直隶总督。周馥护。

十七年辛丑

	锡良　正月
癸丑，恩寿迁。陈夔龙漕运总督。	陈夔龙
	魏光焘十一
	陶模五月丙
	张之洞九月
	许应骙
	奎俊七月庚
总督。	崧蕃
	刘坤一九月
	袁世凯九月
	光绪二十八

甲申裁缺。

月壬戌迁。丁振铎署云贵总督。林绍年暂署。

戌开缺。丁亥，德寿署两广总督。

癸巳迁。端方暂署湖广总督。

申开缺。岑春煊署四川总督。

癸巳卒。张之洞署。李有棻护。十一月壬戌，魏

甲戌假。吴重熹暂护。十一月丁丑，袁世凯回

年壬寅正月甲申，裁河东河道总督。

	陈夔龙三月丙子调。德寿漕
	林绍年三月丁巳卸。丁振铎
	德寿三月丙子调。岑春煊署
	端方
	许应骙三月壬辰免。癸巳，锡
	岑春煊三月丙子调。锡良四
	崧蕃
光焘两江总督。	张之洞二月丁未入觐。魏光
任。	袁世凯
	光绪二十九年癸卯

运总督。四月癸卯，陆元鼎署。十一月戊申，德
任云贵总督。

两广总督。

良闽浙总督。崇善署。三月丙子，李兴锐代署。
川总督。陈璠护。

泰
任。

寿卒。元鼎补。	陆元鼎四月己未调。恩寿漕运
	丁振铎
	岑春煊
	端方三月癸亥卸。张之洞回湖
	李兴锐七月戊戌调。魏光焘闽
	锡良
	崧蕃
	魏光焘七月戊戌调。李兴锐署。
	袁世凯
	光绪三十年甲辰十二月丙寅,

总督。杨鸿度护。

广总督。

浙总督。崇善暂署。

九月丁酉卒。庚子，周馥署两江总督。端方暂

裁漕运总督。

光绪三十一年乙巳

袁世凯

署。周馥

崧蕃三月丁丑调。升允陕甘总督。

锡良

魏光焘正月甲午免。升允代。崇善兼署。三

张之洞

岑春煊

丁振铎

月丁丑，升允迁。崧蕃闽浙总督，未任卒。十二

光绪三十二年丙午	
袁世凯	
周馥七月己酉调。端方两江	
升允	
锡良	
崇善署。七月己酉，端方迁。周	月己酉，端方补。
张之洞	
岑春煊七月戊午调。周馥两	
丁振铎七月戊午调。岑春煊	

	徐世昌三月己
云贵总督。	岑春煊正月辛
广总督。	周馥四月丁丑
	张之洞七月丁
馥代。戊午迁。丁振铎代。寻免。	松寿正月壬子，
	锡良正月辛亥
	升允
总督。	端方
	袁世凯七月丙
	光绪三十三年

亥，东三省总督。五月壬辰任。

亥迁。锡良云贵总督。

免。岑春煊两广总督。胡湘林护。七月癸巳，岑

巳迁。赵尔巽湖广总督。李岷琛护。

闽浙总督。

迁。赵尔丰护。三月壬子，赵尔巽四川总督，未

辰迁。杨士骧署直隶总督。

丁未三月丁丑，设东三省总督，兼管将军事

春煊免。张人骏两广总督。

任。七月丁巳迁。陈夔龙四川总督。尔丰仍护。

务。

光绪三十四年戊申	宣统
杨士骧	直
端方	两
升允	陕
陈夔龙二月庚申迁。赵尔巽四川总督。	闽
松寿	湖
赵尔巽二月庚申迁。陈夔龙湖广总督。	四
张人骏	两
锡良	云
	东三
徐世昌	

元年己酉

隶 杨士骧五月卒。端方直隶总督。那桐署。十

江 端方五月调。张人骏两江总督。樊增祥护。

甘 升允五月免。长庚陕甘总督。毛庆蕃护。

浙 松寿

广 陈夔龙十月调。瑞澂署湖广总督。

川 赵尔巽

广 张人骏五月调。袁树勋署两广总督。胡湘

贵 锡良正月调。李经羲云贵总督。沈秉堃护。

省 徐世昌正月召来京。锡良东三省总督。

锡 李 袁 赵 瑞 松 长 张 陈 宣

林护。

月，端方革。陈夔龙调直隶总督。崔永安护。

良

经羲

树勋九月病免。张鸣岐署两广总督。增祺兼

尔巽

澄七月丙辰陛见。王乃徵护。

寿

庚

人骏

夔龙

统二年庚戌三月，东三省总督兼管奉天巡

	锡良　三月病免。赵尔巽东三省总督。
	李经羲　九月甲戌，民军据云南，经羲去
署。	张鸣岐　九月，民军据广州，鸣岐去职。
	赵尔巽　三月调。赵尔丰署四川督。王人文
	瑞澄　八月，民军据武昌，瑞澄总城走。甲寅
	松寿　十月，民军据福州，死之。弃
	长庚
	张人骏　十月，民军人江宁，人骏去职。十
	陈夔龙　十二月病免。张镇芳署。
抚。	宣统三年辛亥

职。

护。十月辛丑，民军据成都。尔丰死之。

革。甲子，袁世凯湖广总督。九月迁。魏光焘湖

二月，张勋署两江总督。

广总督。王士珍署。皆未任。段祺瑞署湖广总督。